Eduard Johnson

Sprechen Sie Attisch?

Moderne Konversation in altgriechischer Umgangssprache

Eduard Johnson

Sprechen Sie Attisch?

Moderne Konversation in altgriechischer Umgangssprache

ISBN/EAN: 9783955643508

Auflage: 1

Erscheinungsjahr: 2013

Erscheinungsort: Bremen, Deutschland

@ EHV-History in Access Verlag GmbH, Fahrenheitstr. 1, 28359 Bremen. Alle Rechte beim Verlag und bei den jeweiligen Lizenzgebern.

Sprechen Sie Attisch?

Moderne Conversation
in altgriechischer Umgangssprache
nach den besten attischen Autoren

von

E. Joannides,
Dr. phil.

— — Ridentem discere Graeca
Quid vetat? — —

Leipzig, 1889.
E. A. Koch's Verlag.
(J. Sengbusch.)

Vorbemerkungen.

Griechisch gilt den Allermeisten für eine im Grunde unlernbare Sprache, deren man nimmermehr so mächtig werden könne, wie einer neueren, die man leidlich beherrscht. Vorliegendes Büchlein, das fröhlicher Ferienlaune seinen Ursprung verdankt, möchte den Gegenbeweis führen, indem es einen ersten Versuch macht, attische Umgangssprache in ihren gebräuchlichsten Wendungen zu lehren.

Wer die Umgangssprache eines Volkes kennt, hat den Schlüssel zum Verständniß seiner Schriftwerke gleich den Volksgenossen selbst.

Der attische Knabe brachte zur Lectüre griechischer Dichter, der attische Bauer in sein Theater oder in die Volksversammlung nur die Kenntniß der attischen Umgangssprache in ihrer einfachsten Form mit; sie befähigte zum Verständniß sophokleischer Dramen und periklerscher Reden. Die Sprache des Alltagslebens lieferte diejenigen Analogien, welche zum Erfassen der höheren Erzeugnisse in Rede und Schrift nothwendig waren.

Man hat oft behauptet, daß es erstaunlich wenig Worte und Wendungen sind, mit denen der gemeine Mann in seiner Muttersprache auskommt und die ihn befähigen, auch das zu verstehen, was für ihn Neubildung ist. Sollte es nicht möglich sein, dem Athener seinen verhältnißmäßig kleinen Urvorrath abzulauschen, somit die Sprache in ihrem Kerne zu erfassen und diese Worte und Wendungen demjenigen, der Griechisch wirklich lernen will, geläufig zu machen?

Aristophanes bietet für diesen Zweck in denjenigen Partien, wo er den gemeinen Mann im volksthümlichen Verkehrstone reden läßt, sprachlichen Stoff genug, und auch in der übrigen Literatur finden sich verstreut Stellen, welche für treue Nachahmungen der Sprache des gemeinen Lebens gelten müssen. Die Aufgabe kann also nicht unlösbar sein, wenn auch das vorliegende Schriftchen nur erst einen kleinen Beitrag zu ihrer Lösung bringt.

Die Worte und Wendungen in den nachstehenden Gesprächen sind in der Hauptsache der aristophanischen Sprache entnommen. Einiges mußte aus der späteren Gräcität beigefügt werden. Die dem Neugriechischen entlehnten Ergänzungen, welche zur Bezeichnung moderner Begriffe verwandt wurden, sind durch * besonders kenntlich gemacht.

Auch wer nicht die Absicht hat, attisch conversiren zu lernen, wird mit vielem Nutzen für sein Verständniß des Griechischen sich mit der attischen Umgangssprache beschäftigen. Denn während man auf unseren Gymnasien im Lateinischen fast nur solche Schriften liest, welche der höheren Kunstsprache angehören — man denke nur an Cicero und Tacitus — und in welchen die Volkssprache kaum hier und da erkennbar ist, werden wir im Griechischen weit mehr auf die Sprache des gewöhnlichen Lebens hingewiesen. Im Griechischen lesen wir Gespräche bei den Dramatikern, Gespräche bei Plato; die Redner sprechen nicht zu Senatoren, sondern werben um die Stimme des gemeinsten Mannes, — schon dies nöthigt sie, seiner Sprache nahe zu bleiben, und schon dies muß die Kenntniß der Ausdrucksweise des täglichen Lebens im Griechischen nützlich machen zum feinfühligeren Verständniß der Texte.

Zweitens aber ist die Färbung der Sprache und die Stilgattung eines Literaturwerkes nur demjenigen recht erkennbar, der ermessen kann, wie weit dessen Sprache sich abhebt von der Alltagssprache. Wer das Deutsche nur aus Schiller gelernt hätte, dem würde das Verständniß abgehen für die Eigenart und die Höhe der Schiller'schen Diction. Erst wer von der Sprache der Alltäglichkeit aus an sie herantritt, bringt den Maßstab für sie mit. Es wird im Griechischen nicht anders sein.

Drittens zwingt ganz besonders die Beschäftigung mit der griechischen Umgangssprache zur Vergleichung des deutschen und griechischen Ausdruckes und fördert dadurch die Sicherheit und Natürlichkeit der Uebersetzungen aus dem Griechischen, die auf der Leichtigkeit und Bereitschaft der Wortvergleichungen beruht. Was man den Geist der Sprache nennt, das zeigt sich am Auffallendsten da, wo die Vergleichung der Sprachen unter

einander leicht und naheliegend ist: das ist auf dem Gebiete
des Alltäglichen. Den jocosen Ton, der sich von selbst ergiebt,
sobald man die alltägliche Ausdrucksweise des modernen Lebens
mit der Sprechweise der Alten in Vergleich stellt, wird man
als bei diesem Studium unvermeidlich um der Sache willen
mit in den Kauf nehmen.

Endlich aber sei darauf hingewiesen, daß nichts dem Er=
lernen des Griechischen an unseren Gymnasien so viele Gegner
geschaffen, als eben die Thatsache, daß Griechisch im Grunde
für eine unlernbare Sprache gilt. Was der belgische Professor
Emil de Laveleye über die von ihm beobachteten Ergebnisse
des Gymnasialunterrichtes sagt: „résultat net et incontestable:
on sait peu le latin et point du tout le grec," das, behaupten
Viele, trifft annähernd auch bei den deutschen Gymnasien zu.
Erstaunlich Wenige, die „Griechisch gelernt" haben, wissen mit
einiger Bestimmtheit anzugeben, wie der Attiker die einfachsten
Begriffe, z. B. „Ich werde zu dir kommen", auszudrücken
pflegt. Wenn im Lateinischen Jemand nicht sofort auf „veniam"
käme, würde man meinen, daß ihm die allerersten Anfangs=
gründe mangeln, und wenn er nicht verstünde, „veniam" und
„ibo" auseinanderzuhalten, so würde man über Unzulänglich=
keit des Unterrichtes mit vollem Rechte Klage führen und
glauben, daß solche Unsicherheit auch dem sicheren Erfassen des
Sinnes lateinischer Schriftwerke Eintrag thun müsse. Aber
im Griechischen? Man mache den Versuch, und man wird über=
raschend Wenige finden, die das im Gebrauche des Attikers alltäg=
liche „ἔξω παρὰ σέ" in Bereitschaft haben. Man studirt im
Griechischen eifrig die Sprachgesetze, aber gar wenig die Sprache,
und doch lernt man es nicht um der grammatischen Schulung
willen, — für diese sorgt ausreichend das Latein, — sondern der
Sprache wegen. Man setze einem jungen Manne, der die Schule
mit dem Zeugniß der Reife im Griechischen verlassen hat, ein
Glas griechischen Weines vor: er wird schwerlich im Stande sein,
auf Griechisch mit nur einigermaßen passendem Worte dafür
zu danken, oder zu sagen, daß ihm der Wein gut schmeckt.
Allerdings ist solche Sprachfertigkeit nicht das Ziel und die
Aufgabe des griechischen Unterrichts im Gymnasium, aber daß

sie bei den langen und angestrengten Studien nicht nebenbei mit abfällt und so völlig fern zu bleiben scheint, läßt das Gefühl des Griechischkönnens nicht aufkommen. Der „Reife" ist sich gar wohl bewußt, daß es ihm unsägliche Mühe macht, ganz einfache Gedanken in wirklich griechischen Wendungen wiederzugeben. Das macht unzufrieden und trägt viel dazu bei, dem Griechischen Gegner zu schaffen. Auch aus diesem Grunde soll mein Büchlein zeigen, daß es leicht angeht, sich mit den Kenntnissen, die das Gymnasium bietet, des Griechischen so zu bemächtigen, daß man sich darin verständlich machen könnte.

Die Hauptsache aber bleibt: die allergewöhnlichsten Wörter und Wendungen in der Verkehrssprache des täglichen Lebens sind der Urvorrath, der Krystallisationskern, an den und um den sich die weiteren sprachlichen Bildungen angesetzt und angeschlossen haben. Schon darum verdienen sie unsere Achtung. Hier gilt es, die Sprache zu fassen, für den, der sie wirklich lernen will.

Erasmus und die Leute seiner Zeit, deren Kenntniß des Griechischen wir bewundern, lernten es durch Verkehr mit Griechisch sprechenden Lehrern aus den Gesprächen über Gegenstände des gewöhnlichen Lebens. Aus der Grammatik und Lectüre allein hat noch Niemand Griechisch wirklich gelernt. Aber die Sprache verdient es, daß, wer sie lernen will, sie wirklich und nicht bloß zum Scheine zu lernen sucht; denn Griechisch ist, wie der treffliche Wilhelm Roscher, der berühmte Leipziger Nationalökonom, in seinem Buche über Thukydides einst gesagt hat,

„die Sprache aller Sprachen, worin die köstlichsten Menschen=
„worte geredet sind. Die feierliche Grandezza des Spaniers,
„die feine Süßigkeit des Italieners, des Franzosen geläufige
„Anmuth, des Engländers pathetische Kraft, des Deutschen
„unergründlicher Reichthum, ja selbst die Würde der römi=
„schen Senatorensprache, hier sind sie vereinigt, sind geläutert
„im Feuer des Geistes und zum edelsten Erze zusammen=
„geschmolzen."

Inhaltsverzeichniß.

                                                                                  Seite

Vorbemerkungen über die Bedeutung der attischen Umgangssprache für das Erlernen des Griechischen III
Kleine Regeln und Beobachtungen 1
Gespräche. A. Allgemeinen Inhaltes.
    1. Guten Tag! 11
    2. Wie geht's? 11
    3. Was fehlt Ihnen? 12
    4. Leben Sie wohl! 13
    5. Ich bitte 13
    6. Ich danke 14
    7. Können Sie Griechisch? 15
    8. Fragen 15
    9. Wie heißen Sie? 16
  10. Wieviel Uhr ist es? 16
  11. Tageszeiten 17
  12. Jetztzeit. Feste 17
  13. Das Wetter 18
  14. Abreise 19
  15. Gehen. Weg. 20
  16. Warte! 21
  17. Komm her! 21
  18. Bier her! 22
  19. Mich hungert 24
  20. Mahlzeit 24
    B. In der Schule.
  21. In die Schule! 26
  22. Zu spät gekommen! 26
  23. Schriftliche Arbeiten 27
  24. Grammatisches 28
  25. Verkehrte Antworten 28
  26. Abbildungen 29
  27. Griechische Dichter 30
  28. Uebersetzen 31
  29. Beschäftigt 32
  30. Lob und Tadel 33
  31. Singen 34
  32. Sie haben Recht! 34
  33. Ja! 35
  34. Nein! 35

C. Handel und Wandel.

35. Er will Geld	36
36. Der Hausirer	37
37. Beim Schneider	38
38. Schuhwerk	39
39. Vom Obstmarkt	39

D. In Gesellschaft.

40. Tanz	40
41. Eine Geschichte	41
42. Ich weiß nicht	42
43. Die Schöne und die Häßliche	42
44. Herr Schulze	43
45. Wie alt?	45

E. Liebesglück und Liebesweh.

46. Liebessehnsucht	45
47. Soll ich?	46
48. Nur Muth!	47
49. Liebesglück	48
50. Die Schwiegermutter	48
51. Wie ärgerlich!	49
52. Keine schlechten Witze!	50
53. Ende gut, Alles gut!	51

F. Im Hause.

54. Da wohnt er	51
55. Am Morgen	52
56. Sitzen. Stehen	53
57. Frau und Kinder	54
58. Kinderkrawall	54
59. Kinderzucht	55

G. Aus dem politischen Leben.

60. Parteibewegung	56
61. Opposition	57
62. Zum Schluß	58

H. Beim Skatspiel.

63. Ein Spiel mit Redensarten	58
64. Ein Grand	60

I. Sprichwörtliches aus der Umgangssprache . . 61

Altgriechische Bezeichnungen für moderne Begriffe aus dem Neugriechischen. 62

Allerlei zum Merken und Citiren 66

Kleine Regeln und Beobachtungen.

1. Nichts erleichtert es so sehr, eine Sprache zu beherrschen, als wenn man ihre Schwächen erspäht. Erst wenn wir ermittelt haben, was einer Sprache fehlt, verstehen wir recht, warum sie gerade diese oder jene Wendung vorzieht, diese oder jene Verbindung von Begriffen liebt, warum sie in dieser oder jener Weise von der Ausdrucksweise unserer eigenen Sprache abweicht. Wir erfassen alsdann ein gutes Theil von ihrem „Geiste", wie man den Inbegriff ihrer Besonderheiten so gern nennt.

Eine bemerkenswerthe Schwäche der griechischen Sprache nun ist es, daß ihr bei allem Formenreichthum doch ein bequem zu verwendendes Passivum fehlt. Die Uebereinstimmung eines großen Theiles der passiven Formen mit den medialen erschwert ihre Anwendung, weil Deutlichkeit das erste Gesetz der Sprache ist, und vielen Zeitwörtern fehlen überdies die allein dem Passivum eigenen Formen.

Um die eigenthümliche Färbung der griechischen Sprache nachzuahmen, hat man daher zu allererst Folgendes zu beachten:

Man meide thunlichst die den medialen gleichlautenden passiven Formen und achte darauf, wie der Grieche diese zu ersetzen pflegt.

Nur die durch den Zusammenhang sofort als solche erkennbaren und gewisse in häufigen Gebrauch gekommene Passiva der bezeichneten Art sind unbedenklich anzuwenden.

Umschreibungen des Passivums geschehen

a. durch active Verba, z. B.

belehrt werden $\mu\alpha\nu\vartheta\acute{\alpha}\nu\varepsilon\iota\nu$,
gerühmt werden $\varepsilon\dot{\nu}\delta o\varkappa\iota\mu\varepsilon\tilde{\iota}\nu$,
geplagt werden $\varkappa\acute{\alpha}\mu\nu\varepsilon\iota\nu$,
vor Gericht gestellt werden $\varepsilon\dot{\iota}\sigma\iota\acute{\varepsilon}\nu\alpha\iota\ \varepsilon\dot{\iota}\varsigma\ \delta\iota\varkappa\alpha\sigma\tau\acute{\eta}\varrho\iota o\nu$,
verklagt werden $\varphi\varepsilon\acute{\nu}\gamma\varepsilon\iota\nu$,
gehalten werden für … $\delta o\varkappa\varepsilon\tilde{\iota}\nu$,
es wird mir etwas zugefügt $\pi\acute{\alpha}\sigma\chi\omega\ \tau\iota$,
vertrieben werden $\dot{\varepsilon}\varkappa\pi\acute{\iota}\pi\tau\varepsilon\iota\nu$,

einer Sache beraubt werden ἀπολλύναι τι,
getödtet worden ἀποθνήσκειν,
sie wurden vertrieben ἀνέστησαν,
es wurde mir geantwortet ἤκουσα,
es wird mir Gutes erwiesen εὖ πάσχω,
ich ward durch's Loos gewählt ἔλαχον,
ich ward freigesprochen ἀπέφυγον,
ich ward geschmäht κακῶς ἤκουσα,
ich ward (von Mitleid) ergriffen (ἔλεός) με εἰσῄει.

b. vielfach durch γίγνεσθαι; es steht für gemacht, veranstaltet, bewerkstelligt werden, übertragen, verliehen, erkauft, erworben werden, verübt w., gefeiert w. (von Festen), geboren w. und andere Passiva.

c. durch Substantiva mit Verben, z. B.
gelobt werden ἔπαινον ἔχειν,
es wird (viel) gesprochen λόγος ἐστί (πολύς),
bestraft werden δίκην διδόναι,
es wird gezürnt ὀργὴ γίγνεται u. dgl. mehr;

d. durch Adjektiva mit εἶναι, z. B.
gesehen werden καταφανῆ εἶναι,
es wird dir nicht geglaubt ἄπιστος εἶ u. dgl. mehr.

2. Im Griechischen fehlt die Genauigkeit in der Bezeichnung des Objectes, wie sie den modernen Sprachen eigen ist. Die letzteren setzen, wenn zwei verbundene Verba das gleiche Object in verschiedenem Casus erfordern, zum zweiten Verbum anstatt der Wiederholung des Nomens das persönliche Pronomen (seiner, ihm, ihn, ihrer, ihr, sie, es, ihnen) als Object, der Grieche läßt die Stelle des gemeinsamen Objectes beim zweiten Verbum unbezeichnet, gleichviel in welchem Casus es stehen müßte.

Das dem französischen en entsprechende Object (welchen, welche, welches) wird im Griechischen nicht ausgedrückt, z. B.: Sie werden das Gold aus Lydien holen lassen müssen, wenn sie welches haben wollen ἐκ Λυδίας μεταστέλλεσθαι τὸ χρυσίον δεήσει αὐτούς, ἢν ἐπιθυμήσωσιν.

3. Dem Griechen fehlt, wie dem Lateiner, das Mittel zur Hervorhebung einzelner Satztheile, welches unsere Sprache, ähnlich anderen modernen Sprachen, darin besitzt, daß sie den hervorzuhebenden Begriff zum Prädicte eines neuen Satzes meist mit dem unpersönlichen

Subject es macht, während die übrigen Satztheile in einem abhängigen Satze vermittelst eines Relativs oder einer Conjunction angefügt werden. Im Griechischen muß die der Hervorhebung eines Begriffes dienende Zerlegung eines Satzes in zwei unterbleiben, z. B.: Es ist derselbe, der dies sagt ὁ αὐτὸς ταῦτα λέγει. Wer ist der Mann, den du rufst? τίνα τὸν ἄνδρα καλεῖς; Ist es wahr, daß du das gethan hast? ἆρ' ἀληθῶς τοῦτ' ἐποίησας; Wie ist es möglich, daß ... πῶς ...; wie kommt es, daß ... πῶς ...;

4. Coordinirte Sätze und coordinirte Satztheile kann der Grieche nicht unverbunden lassen. Asyndetisches Nebeneinanderstellen von Satztheilen kommt nur selten und zwar als Ausdruck lebhafter Erregung zur Anwendung.

In ununterbrochener Rede ist jeder neue Satz durch eine passende Conjunction (δέ, καί, οὖν, γάρ ꝛc.) an das Vorausgehende anzuschließen.

Der Lernende ist davor zu warnen, μέν für eine diese Verbindung mit dem Vorausgehenden ersetzende Conjunction zu halten, da es nur zum Hinweis auf das Folgende dient.

Anfügung ohne Bindewort ist in ununterbrochener Rede nur gestattet:

a) an den Stellen, wo wir im Deutschen den Doppelpunkt als Interpunctionszeichen setzen;
b) wenn der neue Satz mit stark betontem Demonstrativum oder
c) wenn der neue Satz mit εἶτα (= und dann) oder ἔπειτα beginnt;
d) wo wir im Deutschen mit „nicht aber" fortfahren; es steht dann häufig bloßes οὐ (beziehentlich μή), (weil οὐ mit δέ „und nicht" oder „nicht einmal" bedeutet), oft jedoch auch οὐ μέντοι.

5. Man merke: Nun so ... denn = ἀλλά,
o dann ... = ἄρα,
da kam, da sagte = καὶ ἦλθε, καὶ εἶπεν,
jedoch = μέντοι,
denn sonst ... = γάρ,
denn (folgernd), z. B. höre denn, so ward er denn .. = δή,
doch wohl (ohne Zweifel) = δήπου,
und schon = καὶ δή (δή = ἤδη), vgl. πάλαι δή schon längst, νῦν δή jetzt eben,

wohl aber = δέ,
dann erst } οὕτω δή,
erst dann
... allerdings = ... μήν,
indessen ... = οὐ μὴν ἀλλά,
wahrscheinlich (adv.) ἦ που ...
oder (nach Negationen) = οὐδέ, μηδέ,
doch (lat. quaeso) = δῆτα,
nicht sowohl ... als vielmehr = } οὐ τοσοῦτον ὅσον ...
οὐ τὸ πλέον ... ἀλλά ...

Aus der Thatsache, daß „o dann ..." sich überall passend durch ἄρα geben läßt, folgt noch keineswegs, daß umgekehrt ἄρα sich überall passend durch „o dann ..." übersetzen lasse.

6. Großes Glück πολλὴ εὐδαιμονία.
Großes Mißgeschick πολλὴ δυστυχία.
Großer Ueberfluß πολλὴ ἀφθονία.
Große Thorheit πολλὴ μωρία.
Große Unwissenheit πολλὴ ἀμαθία.
Große Unvernunft πολλὴ ἀλογία.
Große Geschäftigkeit πολλὴ πραγματεία.
Sehr große Muthlosigkeit πλείστη ἀθυμία.

7. So ein trefflicher
So ein abscheulicher
So ein erfahrener } τοιοῦτος.
So ein beschränkter
So ein gefährlicher
u. s. w.
So Verwerfliches
So Lobliches } τοιαῦτα.
u. s. w.
es klingt schön
es schmeckt gut } ἡδύ ἐστιν.
es riecht gut
(jetzt) so spät } τηνικάδε.
(jetzt) so früh
Der gewöhnliche Ausdruck für

hoffen } ist οἴεσθαι,
fürchten
versprechen
drohen } ist φάναι.
antworten
erwidern
... fuhr er fort, = ἔφη.
8. Ein Freund φίλος τις.
Ein redlicher Freund χρηστός τις ἄνθρωπος φίλος.
9. Unsere 500 Schüler οἱ ἡμέτεροι πεντακόσιοι μαθηταί.
Meine drei besten Schüler οἱ τρεῖς ἄριστοι τῶν μαθητῶν μου.
10. Ich verlange kein Geld, sondern Zuneigung (Liebe) αἰτῶ οὐκ ἀργύριον, ἀλλ' εὔνοιαν.
11. Ich habe gehabt εἶχον, z. B. ich habe ebenfalls diese Klasse einmal gehabt κἀγὼ εἶχον τὴν τάξιν ταύτην ποτέ. Er ist gestern bei mir gewesen παρ' ἐμοὶ χθὲς ἦν.

Das Perfectum von sein und haben und allen eine Dauer ausdrückenden Verben wird im Griechischen durch das Imperfectum, bei den übrigen Verben meist durch den Aorist, seltener durch das Perfectum wiedergegeben. Läßt sich zu dem Verbum ein Adverb der Vergangenheit (z. B. damals) hinzudenken, so steht Aorist; läßt sich ein Adverb der Gegenwart (z. B. nunmehr, bereits) hinzudenken, nur dann steht Perfectum.

Hast du das Geld gefunden? (sc. nunmehr) ἆρ' εὕρηκας τἀργύριον;
Ja, ich habe es gefunden (sc. nunmehr) εὕρηκα νὴ Δία.
Wo hast du es gefunden? (sc. damals als du es fandest) ποῦ εὗρες;
Ich habe es (sc. damals) in dem Garten gefunden ἐν τῷ κήπῳ εὗρον.

12. Der Infinitiv Aoristi bezeichnet nach den Verben des Sagens und Meinens die Vergangenheit, z. B.
φησὶν εὑρεῖν er behauptet er habe gefunden.

13. Bedeutet daß soviel wie mache(t) daß, so wird es durch ὅπως mit dem Indic. Fut. ausgedrückt.
Daß es nur kein Mensch erfährt! ὅπως ταῦτα μηδεὶς ἀνθρώπων πεύσεται!

14. Mit *ἐξ οὗ* oder *ἐπεί* = seit verträgt sich kein *οὐ* oder *μή*.

Seit wir uns nicht gesehen, hat es viel geregnet: *ἐξ οὗ* oder *ἐπεὶ εἴδομεν ἀλλήλους, ὕδωρ ἐγένετο πολύ*.

15. Wo sich statt sein denken läßt gehen, wird *παρεῖναι εἰς* angewandt.

Sind Sie oft im Theater gewesen? *ἦ πολλάκις παρῆσθα εἰς τὸ θέατρον;*

16. Indefinita werden nach Negationen gern negativ, *πω* jedoch bleibt unverändert.

17. Ja = doch (franz. si!) dem Unglauben oder mangelhaften Glauben versichernd: *ναί!*

18. Zu, allzu bleibt meist unübersetzt; z. B. Wir sind zu wenige *ὀλίγοι ἐσμέν*, du hast zu wenig geschrieben *ὀλίγον ἔγραψας. Τὸ ὕδωρ ψυχρὸν ὥστε λούσασθαί ἐστιν* (zu kalt). *Νέοι ἔτι ἐσμὲν ὥστε τοῦτ᾽ εἰδέναι* (zu jung, als daß wir wissen könnten).

Nicht genug *ὀλίγος*. Er hat nicht genug zu leben *βίον ἔχει ὀλίγον*. Ich habe nicht genug Geld *ἀργύριον ἔχω ὀλίγον*.

Genug = ausreichend wird adjectivisch meist durch *ἱκανός* ausgedrückt. Geld genug *ἱκανὸν ἀργύριον*. Ich denke, zwanzig Schüler sind genug *ἱκανοὺς νομίζω μαθητὰς εἴκοσιν*.

Genug = in Menge *οὐκ ὀλίγος*.

19. Ein anderer = noch ein weiterer *ἕτερος*; ein anderer = irgend welcher andere *ἄλλος*.

Ich war dort und viele andere *ἐγὼ παρεγενόμην καὶ ἕτεροι πολλοί*. Nun, es giebt ja andere gute Bücher genug *ἀλλ᾽ ἔστιν ἕτερα νὴ Δία χρηστὰ βιβλία οὐκ ὀλίγα*.

Keine andere Sache *οὐκ ἄλλο πρᾶγμα*.

Wer sonst? *τίς ἄλλος;*

20. Immer noch = *ἔτι καὶ νῦν*,
noch welches *ἄλλο*,
noch einige *ἄλλοι*,
noch irgend einer *ἄλλος τις*.

Hat er noch (sonstiges) Geld? *ἆρ᾽ ἔχει ἀργύριον ἄλλο;*
Er hat welches *ἔχει*.

21. Ihr beiden alten Herren *ὦ δύο πρεσβῦτα*.
Diese beiden alten Herren hier *τὼ πρεσβύτα τώδε*.
Diese beiden *τώδε (ἄμφω)*.

ἄμφω verlangt stets den **Dual** des beigefügten Substantivs, ἀμφότερος steht meist mit seinem Substantiv im **Plural**.

22. allein (= allein für sich) αὐτός,
allein (= der einzige) μόνος.
Wir sind allein (unter uns) αὐτοί ἐσμεν.
Wir sind die einzigen μόνοι ἐσμέν.
Ich habe die (schriftliche) Arbeit allein gemacht αὐτὸς ἐγὼ ταῦτα ἔγραψα. Dagegen μόνος ἐγὼ ταῦτα ἔγραψα ich bin der Einzige, der diese Arbeit gemacht hat.

23. Ich habe mehr **von diesen** (z. B. Söhne) wie von jenen (Töchter) πλείους ἔχω τούτους ἢ ἐκείνας (doch auch ἐκείνους ἢ ταύτας).

24. Wollen = Lust haben, sich entschließen ἐθέλειν.
Wollen = wünschen βούλεσθαι.
Er hat keine Lust οὐκ ἐθέλει.
(Sehnlich) wünschen ἐπιθυμεῖν.
Wollen = darüber sein μέλλειν.
Wohin eilen Sie? Ich will einen Brief zum Briefkasten tragen ποῖ θεῖς; ἐπιστολὴν μέλλω φέρειν εἰς τὸ κιβώτιον (γραμματοκιβώτιον).
Ich will gehen εἶμι oder βαδιοῦμαι.

25. Wo ist dein Bruder? ποῦ 'σθ' ὁ σὸς ἀδελφός;

26. Bei = franz. chez παρά mit Dat.
Zu = franz. chez παρά mit Acc.

27. Mitnehmen, mitbringen (von Sachen) φέρειν,
„   „   (von Personen) ἄγειν.
Ich will das Buch mitbringen οἴσω τὸ βιβλίον.
Ich will dich mit (zu ihm) nehmen ἄξω σε παρ' αὐτόν.

28. Ich gehe (hin) βαδίζω,
ich komme (her) ἔρχομαι,
ich bin hergegangen ἐλήλυθα,
ich bin gekommen ἥκω,
ich bin wieder da ἥκω,
bis ich wieder da bin μέχρι ἂν ἥκω,
ich gehe (weiter) χωρῶ,
ich will ihn besuchen εἶμι (εἴσειμι) ὡς αὐτόν,
ich werde kommen ἥξω.
Ich will gehen, um ihn zu befragen εἶμι ἐρωτήσων αὐτόν.

Ich komme her, um mitzuspeisen ἔρχομαι δειπνήσων.
ausgehen θύραζε ἐξιέναι oder θ. βαδίζειν.
29. Die guten Schüler οἱ ἀγαθοὶ τῶν μαθητῶν.
Die guten Schüler οἱ ἀγαθοὶ μαθηταί.
30. Da kommt der junge Mann herbei! τὸ μειράκιον τοδὶ (τόδε) προσέρχεται!
31. Ich habe nichts zu essen οὐκ ἔχω καταφαγεῖν.
32. hier, den Ort des Sprechenden bezeichnend, heißt ἐνθάδε,
hier (dem Ort des Sprechenden nahe) ἐνταῦθα,
hier (= an Ort und Stelle, am Orte selbst) αὐτοῦ.
33. Jemanden kennen γιγνώσκειν τινά.
34. Zwar nicht groß, aber schön μέγας μὲν οὔ, καλὸς δέ.
35. Er hat eine breite Stirn πλατὺ ἔχει τὸ μέτωπον.
Sie hat allerliebste Hände τὰς χεῖρας ἔχει παγκάλας.
36. Beabsichtigen, gedenken ἐπινοεῖν oder διανοεῖσθαι.
37. Ich lerne die Gedichte Homers auswendig μανθάνω τὰ Ὁμήρου ἔπη.
Ich kann die Ilias auswendig ἐπίσταμαι Ἰλιάδα.
Ich könnte die Odyssee auswendig hersagen δυναίμην ἂν Ὀδύσσειαν ἀπὸ στόματος εἰπεῖν.
38. Mein Vater hat mich gezwungen, die Odyssee auswendig zu lernen ὁ πατήρ ἠνάγκασέ με Ὀδύσσειαν μαθεῖν == thatsächlich mit dem Lernen zu Stande zu kommen; ἠνάγκασέ με μανθάνειν bedeutet nur: er zwang mich, mit dem Lernen mich zu beschäftigen, zu befassen, zu bemühen.
39. Εὖ λέγει er hat Recht.
καλῶς λέγει er spricht gut.
40. Ich habe mehr Geld als du, aber Karl hat das meiste ἐγὼ μὲν ἀργύριον ἔχω πλέον ἢ σύ, πλεῖστον δὲ Κάρολος.
41. Der Mann, dessen Brief du liest ὁ ἀνήρ, οὗ ἀναγιγνώσκεις τὴν ἐπιστολήν.
Wessen Brief liest du? τὴν τίνος ἐπιστολὴν ἀναγιγνώσκεις;
42. Setzest du deinen Hut auf? ἦ περιτίθεσαι τὸν πῖλον;
Zieh deine Stiefel aus! ἀποδύου τὰς ἐμβάδας!
Das Possessiv ist durch das Medium bereits ausgedrückt.
43. Er wird dich von deinem Augenleiden befreien ἀπαλλάξει σε τῆς ὀφθαλμίας.

Ein einziger Tag hat mir meinen ganzen Wohlstand geraubt μία ἡμέρα με τὸν πάντα ὄλβον ἀφείλετο.

Er hat mir mein Geld gestohlen ὑφείλετό μου τἀργύρια. Bei den Verben nehmen und dergl. darf kein Possessiv übersetzt werden, sobald die durch dasselbe bezeichnete Person bereits genannt ist.

44. Brauchst du etwas? δέει τίνος;
    Giebt es was Neues? λέγεται τί καινόν;
45. Woher kommst du? πόθεν ἥκεις; Aus dem Garten ἐκ τοῦ κήπου. Aus welchem? ἐκ τοῦ ποίου;

Wenn ποῖος auf einen mit Artikel versehenen Gattungsnamen (Substantivum appellativum) oder einen ihn vertretenden Satz zurückweist, so nimmt es den Artikel an. Weg bleibt der Artikel in der Regel nur dann, wenn ποῖος Prädicat ist.

46. Geld in kleineren Summen ἀργύριον.
    Geld = Kapitalien χρήματα.
47. τάχα entspricht genau dem in unserer Volkssprache üblichen am Ende (= schließlich, möglicher Weise).
    ταχύ, ταχέως schnell, bald,
    διὰ ταχέων bald.
48. Unter = zwischen drin ἐν, z. B. ἐν τοῖς Χριστιανοῖς πολλοί εἰσιν Ἰουδαῖοι. ἐν νέοις ἀνὴρ γέρων.
49. Nicht sonderlich οὐ πάνυ. Er strengt sich nicht sonderlich an οὐ πάνυ σπουδάζει.
50. Die natürliche Stellung des Adverbs ist im Griechischen vor dem durch dasselbe zu bestimmenden Begriffe. Abweichung von dieser Stellung dient zur Hervorhebung des Adverbs. Steht das Adverb mit Nachdruck zuletzt, so ersetzt diese Stellung das deutsche und zwar: χάριν σωθέντες ὑπό σου σοὶ ἂν ἔχοιμεν δικαίως (und zwar pflichtschuldigst).
51. Indirecte Ausrufesätze werden in der lateinischen Grammatik den indirecten Fragesätzen gleichgestellt; im Griechischen unterscheiden sie sich aber von den indirecten Fragesätzen dadurch, daß diese letzteren mit dem indirecten oder directen Frageworte beginnen, die Ausrufesätze hingegen mit dem Relativum, und zwar mit dem einfachen Relativum.
52. Der Deutsche fragt: Wohin setzt er sich? der Grieche: Wo? Wohin wollen wir uns setzen? ποῖ καθιζησόμεθα;

53. **Alle Welt** (tout le monde) heißt πάντες ἄνθρωποι (ohne Artikel).

54. **Um zu** wird gern durch βουλόμενος ausgedrückt.

55. **Ich habe bekommen** = ἔχω, z. B. ich habe von meinem Vater 10 Mk. bekommen, δέκα μάρκας ἔχω παρὰ τοῦ πατρός.

56. **Lieber als** ... = eher als ... heißt μᾶλλον ἤ ...

57. **Vorhin** heißt τότε.

58. μέν steht anderen Bindewörtern voran, also nicht πολλοὶ γὰρ μέν ..., sondern πολλοὶ μὲν γὰρ ..., ebenso μέν γε, μὲν δή ..., μὲν οὖν ..., μέντοι.

59. Den dringlichen Imperativ, welchen wir durch **so (mach')** **doch** ausdrücken, giebt der Grieche durch (das sehr oft und gern angewendete) οὐ mit Futurum, z. B. so schweig' doch! οὐ σιγήσει; Negation ist dabei μή, z. B. so mach' doch kein Gerede! οὐ μὴ λαλήσεις; so halte dich doch nicht auf! οὐ μὴ διατρίψεις;

60. Satzverbindungen wie folgende: „Wenn ich nach Dresden komme und über die Brücke gehe, so sehe ich das Denkmal August des Starken" werden im Griechischen zerlegt in: „Wenn ich nach Dresden komme, so sehe ich, wenn ich über die Brücke komme, das Denkmal." Trotzdem gehen die beiden Nebensätze dem Hauptsatze voran.

61. Der gewöhnliche Ausdruck für „**ich bitte**" ist πρὸς (τῶν) θεῶν, wofür auch πρὸς τοῦ Διός u. Aehnliches eintritt. πρὸς θεῶν ist keineswegs, wie gewöhnlich angegeben wird, „Versicherung bei den Göttern", sondern Bittformel.

62. Es giebt nicht bloß, wie es nach den Grammatiken scheint, einen Irrealis der Gegenwart und Irrealis der Vergangenheit (z. B. ich wäre (jetzt) zufrieden, ich wäre (damals) zufrieden gewesen, wenn ...), sondern es muß auch einen Irrealis der Zukunft geben. Ich sage z. B.: „Wenn ich morgen in New-York wäre, würde ich mich an dem Feste betheiligen," obgleich ich weiß, daß ich morgen unmöglich dort sein kann. Diesen Irrealis der Zukunft drückt der Grieche im Nebensatze durch εἰ mit dem Optativ, im regierenden Satze durch Optativ mit ἄν aus.

Anmerkung. In Beispielen, wie φαίη δ᾽ ἂν ἡ θανοῦσα, εἰ φωνὴν λάβοι steht also nicht der Optativ ungewöhnlich für das Präteritum, sondern er bezeichnet regelrecht, wie in zahllosen ähnlichen Fällen, den Irrealis der Zukunft: „wenn die Verstorbene künftig einmal wiederkäme, so würde sie es bestätigen."

Gespräche

A. Allgemeinen Inhalts.

1.

Ah! Guten Tag!	ὦ χαῖρε!
Guten Morgen, Karl!	χαῖρ᾽ ὦ Κάρολε!
Guten Morgen, Gustav! (Erwiderung.)	καὶ σύγε ὦ Γούσταβε!
Seien Sie mir schön willkommen!	ὦ χαῖρε, φίλτατε!
Ah! freue mich außerordentlich!	ἀσπάζομαι!
Freue mich außerordentlich, Herr Müller!	Μύλλερον ἀσπάζομαι!
Ganz auf meiner Seite!	κἄγωγέ σε!
Guten Tag! Guten Tag! Wie freue ich mich, daß Sie gekommen sind, Verehrtester!	χαῖρε, χαῖρε, ὡς ἀσμένῳ μοι ἦλθες, ὦ φίλτατε!
Ah! Guten Tag! Was bringen Sie?	ὦ χαῖρε, τί φέρεις;
Ah! Guten Tag, Perikles; was steht zu Diensten?	ὦ χαῖρε, Περίκλεις, τί ἔστιν;
Giebt's was Neues?	λέγεται τί καινόν; (νεώτερον, Schlimmes.)
Guten Abend, meine Herren (meine Damen)! Meine (jungen) Damen!	χαίρετε, ὦ φίλοι (ὦ δέσποιναι)! ὦ κόραι!
Paul läßt Sie grüßen.	Παῦλος ἐπέστειλε φράσαι χαίρειν σοι.
Mein lieber Herr!	ὦ φίλ᾽ ἄνερ!

2.

Wie geht es Ihnen? Was machen Sie?	τί πράττεις;
Danke, es geht mir ganz wohl.	πάντ' ἀγαθὰ πράττω, ὦ φίλε.
Ich bin besser daran, als gestern.	ἄμεινον πράττω ἢ χθές.
Wie geht es Ihrem Vater?	τί πράττει ὁ πατήρ σου;
Es geht ihm recht gut.	εὐδαιμόνως πράττει.
Wie steht es sonst bei euch?	τί δ' ἄλλο παρ' ὑμῖν;
Wie befinden Sie sich?	πῶς ἔχεις;
Schlecht.	ἔχω κακῶς.
Ich habe keine Freude mehr am Leben.	οὐδεμίαν ἔχω τῷ βίῳ χάριν.
Es geht mir (wirthschaftlich) nicht gut.	κακῶς πράττω.
Es steht schlecht mit mir.	φαῦλόν ἐστι τὸ ἐμὸν πρᾶγμα.
Wie lebt sich's in Leipzig?	τίς ἐσθ' ὁ ἐν Λειψίᾳ* βίος;
Ganz hübsch.	οὐκ ἄχαρις.

3.

Was fehlt Ihnen? Was ist mit Ihnen?	τί πάσχεις;
Es geht mir merkwürdig.	πάσχω θαυμαστόν.
Was haben Sie für Schmerzen?	τί κάμνεις;
Was ist Ihnen zugestoßen?	τί πέπονθας;
Wie ist es Ihnen ergangen?	τί ἔπαθες;
Warum seufzen Sie?	τί στένεις;
Warum sind Sie so verstimmt?	τί δυσφορεῖς;
Sieh nicht so finster aus, mein Lieber!	μὴ σκυθρώπαζε, ὦ τέκνον!
Ich langweile mich hier.	ἄχθομαι ἐνθάδε παρών.
Sie scheinen mir zu frieren.	ῥιγῶν μοι δοκεῖς.
Mir ist schwindlig.	ἰλιγγιῶ.
Ich habe Kopfschmerz.	ἀλγῶ τὴν κεφαλήν.
Sie haben jedenfalls Katzenjammer.	οὐκ ἔσθ' ὅπως οὐ κραιπαλᾷς.
An welcher Krankheit leiden Sie?	τίνα νόσον νοσεῖς;
Sie haben doch wohl die Seekrankheit.	ναυτιᾷς δήπου.

Du bekommst den Schnupfen.	κόρυζά σε λαμβάνει.
Ich leide an den Augen.	ὀφθαλμιῶ.
Bist du müde?	ἆρα κέκμηκας;
Mir thun die Beine weh von dem weiten Wege.	ἀλγῶ τὰ σκέλη μακρὰν ὁδὸν διεληλυθώς.
Du bist besser zu Fuße als ich.	κρείττων εἶ μου σὺ βαδίζειν.
Sie wird ohnmächtig.	ὠρακιᾷ.

4.

Leben Sie wohl!	ὑγίαινε!
Ich will gehen, leben Sie wohl!	ἀλλ' εἶμι, σὺ δ' ὑγίαινε!
Leben Sie wohl (Erwiderung)!	καὶ σύγε!
Leben Sie recht wohl!	χαῖρε πολλά!
Geben Sie mir eine Hand!	ἔμβαλέ μοι τὴν δεξιάν!
Nun so leben Sie denn wohl und behalten Sie mich in gutem Andenken!	ἀλλὰ χαῖρε πολλὰ καὶ μέμνησό μου!
Auf Wiedersehen!	εἰς αὖθις!
Viel Vergnügen!	ἴθι χαίρων!
Gute Nacht!	ὑγίαινε! (Auch am Morgen beim Abschied.)

5.

Verzeihen Sie!	συγγνώμην ἔχε!
Entschuldigen Sie!	σύγγνωθί μοι!
Es ist meins. Geben Sie mir es, bitte!	ἐστὶ τὸ ἐμόν. ἀλλὰ δός μοι, ἀντιβολῶ!
Ich bitte Sie, geben Sie es mir!	δός μοι πρὸς τῶν θεῶν!
Ich bitte Sie inständigst!	πρὸς τοῦ Διός, ἀντιβολῶ σε!
Ich bitte um Himmelswillen!	πρὸς πάντων θεῶν!
Thun Sie mir den Gefallen!	χάρισαί μοι!
Nun, so thun Sie uns denn den Gefallen!	ἀλλὰ χάρισαι ἡμῖν!
Thun Sie mir einen kleinen Gefallen!	χάρισαι βραχύ τί μοι!
Was soll ich Ihnen zu Gefallen thun?	τί σοι χαρίσωμαι;

Sei so gut und gieb mir's!	βούλει μοι δοῦναι;
Den Gefallen will ich Ihnen thun.	χαριοῦμαί σοι τοῦτο.
Gleich!	ταῦτα!
Recht gern!	φθόνος οὐδείς!
Sagen Sie es doch gefälligst den Anderen!	οὐ δῆτα γενναίως τοῖς ἄλλοις ἐρεῖς;
Bitte, sag' es ihm doch!	εἰπὲ δῆτα αὐτῷ πρὸς τῶν θεῶν!
Darf ich mir erlauben Ihnen einzuschenken?	βούλει ἐγχέω σοι πιεῖν;

6.

Ich danke!	ἐπαινῶ!
Ich danke Ihnen!	ἐπαινῶ τὸ σόν!
Ich danke Ihnen für Ihre freundliche Gesinnung.	ἐπαινῶ τὴν σὴν πρόνοιαν.
Haben Sie vielen Dank dafür!	εὖ γ' ἐποίησας!
Sie sind sehr gütig.	γενναῖος εἶ.
Ich werde Ihnen nur dankbar sein, wenn Sie das thun.	χάριν γε εἴσομαι, ἐὰν τοῦτο ποιῇς.
Ich bin Ihnen zu Danke verpflichtet.	κεχάρισαί μοι.
Der Himmel segne Sie tausendmal!	πόλλ' ἀγαθὰ γένοιτό σοι!
Danke schön! (auch ablehnend.)	καλῶς!
Ich danke bestens! (desgl.)	κάλλιστα· ἐπαινῶ.
Bravo! Bravo!	εὖγε! εὖγε!
Wie herrlich!	ὡς ἡδύ!
Hurrah! (Freudenruf.)	ἀλαλαί!
Das macht nichts. Das ist einerlei.	οὐδὲν διαφέρει.
Das kümmert mich wenig. Daran liegt mir wenig.	ὀλίγον μέλει μοι.
Was geht das mich an?	τί δ' ἐμοὶ ταῦτα;
Was geht Sie das an?	τί σοὶ τοῦτο;
Sie interessirt es wahrscheinlich nicht.	σοὶ δ' ἴσως οὐδὲν μέλει.
Da sieh du zu!	αὐτὸς σκόπει σύ!
Es ist einmal so Sitte.	νόμος γάρ ἐστιν.

7.

Können Sie Griechisch?	ἐπίστασαι ἑλληνίζειν;
Ein wenig.	ὀλίγον τι.
Natürlich!	εἰκότως γε!
Ja freilich!	μάλιστα!
Ja gewiß!	ἔγωγε νὴ Δία!
Darin bin ich stark.	ταύτῃ κράτιστός εἰμι.
Schön!	καλῶς!
Da wollen wir einmal Griechisch mit einander sprechen!	διαλεχϑῶμεν οὖν ἑλληνικῶς!
Meinetwegen.	οὐδὲν κωλύει.
Was meinen Sie?	τί λέγεις;
Verstehen Sie, was ich meine?	ξυνίης τὰ λεγόμενα;
Haben Sie verstanden, was ich meine?	ξυνῆκας, ὃ λέγω;
Nein, ich verstehe es nicht.	οὐ ξυνίημι μὰ Δία.
Wiederholen Sie es gefälligst noch einmal!	αὖϑις ἐξ ἀρχῆς λέγε, ἀντιβολῶ.
Seien Sie so gut und sprechen Sie langsamer!	βούλει σχολαίτερον λέγειν;

8.

Was giebt's?	τί δ' ἔστιν;
Wie?	τί λέγεις;
Was denn?	τί δή;
Was denn?	τί δαί;
Wie denn?	πῶς δή;
Wie denn?	πῶς δαί;
Warum denn?	ὁτιὴ τί δή; τιὴ τί δή;
Weshalb?	τίνος ἕνεκα;
In wiefern?	τίνι τρόπῳ;
Wieso denn?	πῶς δή;
Bitte, wo?	ποῦ δῆτα;
Wohin? Woher?	ποῖ; πόϑεν;
Wann?	πηνίκα;
Er straft ihn.	κολάζει αὐτόν.
Wofür?	τί δράσαντα;

Wodurch?	τί δρῶν;
Zu welchem Zwecke denn?	ἵνα δὴ τί;
Um was handelt es sich?	τί τὸ πρᾶγμα;
Meinen Sie nicht auch?	οὐ καὶ σοὶ δοκεῖ;
Wär's möglich?	πῶς φῄς;
Wo bleib' ich?	τί ἐγὼ δέ;
Laß doch einmal sehen!	φέρ' ἴδω!
Nun, machen Sie Fortschritte?	τί δέ, ἐπιδώσεις λαμβάνεις;

9.

Wie heißen Sie?	ὄνομά σοι τί ἐστιν;
Wie heißen Sie mit Vor- und Zunamen?	τίνα σοι ὀνόματα;
Wie heißen Sie eigentlich?	τί σοί ποτ' ἔστ' ὄνομα;
Wer sind Sie?	σὺ δὲ τίς εἶ;
Wer sind Sie?	τίς δ' εἶ σύ;
Wer sind Sie eigentlich?	σὺ δ' εἶ τίς ἐτεόν;
Ich heiße Müller.	ὄνομά μοι Μύλλερος.
Wer ist eigentlich der hier?	τίς ποθ' ὅδε;
Wer muß das nur sein?	τίς ἄρα ποτ' ἐστίν;
Und wo sind Sie her?	καὶ ποδαπός;
Wo wohnen Sie?	ποῦ κατοικεῖς;
Ich wohne ganz in der Nähe.	ἐγγύτατα οἰκῶ.
Ich wohne weit.	τηλοῦ οἰκῶ.
Nennen Sie mich nicht bei Namen!	μὴ κάλει μου τοὔνομα!
So rufen Sie mich doch nicht, ich bitte Sie!	οὐ μὴ καλεῖς με; ἱκετεύω!

10.

Wie viel Uhr ist es?	τίς ὥρα ἐστίν;
Wie spät ist es am Tage?	πηνίκ' ἐστὶ τῆς ἡμέρας;
Es ist um Eins.	ἐστὶ μία ὥρα.
Es ist um Zwei (Drei, Vier).	εἰσὶ δύο (τρεῖς, τέσσαρες) ὧραι.
Es ist 1/2 Uhr.	ἐστὶ μία ὥρα καὶ ἡμίσεια.
Um welche Zeit?	πηνίκα;
Um ein Uhr.	τῇ πρώτῃ ὥρᾳ.
Um zwei.	τῇ δευτέρᾳ (ὥρᾳ).

Es ist noch weiter (später).	περαιτέρω ἐστίν.
Es ist ein Viertel nach Sieben.	εἰσὶν ἑπτὰ ὧραι καὶ τέταρτον.
Es ist drei Viertel auf Eins.	εἰσὶ δώδεκα (ὧραι) καὶ τρία τέταρτα.
Um die dritte Stunde.	περὶ τὴν τρίτην ὥραν.
Gegen halb fünf.	περὶ τὴν τετάρτην καὶ ἡμίσειαν.
Ich werde um ³/₄ 11 Uhr kommen.	ἥξω εἰς τὴν δεκάτην καὶ τρία τέταρτα.

11.

Zu Mittag.	ἐν μεσημβρίῃ.
Vormittags.	πρὸ μεσημβρίας.
Nachmittags.	μετὰ μεσημβρίαν.
Es ist hell.	φῶς ἐστιν
Es ist (wird) dunkel.	σκότος γίγνεται.
Im Finstern.	ἐν (τῷ) σκότῳ.
Abends.	τῆς ἑσπέρας.
Gestern Abend.	ἑσπέρας.
Heute Abend. (künftig.)	εἰς ἑσπέραν.
Abends spät.	νύκτωρ ὀψέ.
Den Tag über.	δι' ἡμέρας.
Die ganze Nacht hindurch.	ὅλην τὴν νύκτα.
Vom frühen Morgen an.	ἐξ ἑωθινοῦ.
Von früh an.	ἐξ ἕω.
Gleich von früh an.	ἕωθεν εὐθύς.
Heute Morgens.	ἕωθεν.
Morgen früh.	αὔριον ἕωθεν.
Heute.	τῇδε τῇ ἡμέρᾳ. — τήμερον.
Gestern.	χθές. ἐχθές.
Morgen.	αὔριον.
Uebermorgen.	ἔνης. εἰς ἔνην.
Vorgestern.	τρίτην ἡμέραν. (auch νεωστί).

12.

In der jetzigen Zeit.	ἐν τῷ νῦν χρόνῳ.
Gerade wie früher.	ὥσπερ καὶ πρὸ τοῦ.
Auf welchen Tag?	ἐς τίνα ἡμέραν;

Für sogleich.	ἐς αὐτίκα μάλα.
Vor Kurzem.	τὸ ἔναγχος.
Lange genug.	ἱκανὸν χρόνον.
Heute über 14 Tage.	μεθ' ἡμέρας πεντεκαίδεκα ἀπὸ τῆς τήμερον.
Heuer.	τῆτες.
Vor'm Jahr.	πέρυσιν.
Ueber's Jahr.	εἰς νέωτα.
Alle vier Jahre.	δι' ἔτους πέμπτου.
Monatlich.	κατὰ μῆνα.
Der Frühling. Der Sommer.	τὸ ἔαρ. τὸ θέρος.
Der Herbst. Der Winter.	τὸ φθινόπωρον. ὁ χειμών.
Zur Winterszeit.	χειμῶνος ὄντος.
Das Fest.	ἡ ἑορτή.
Weihnachten.	τὰ Χριστούγεννα.*
Neujahr.	ἡ πρώτη τοῦ ἔτους.
Fastnacht.	αἱ ἀπόκρεω.*
Charfreitag.	ἡ μεγάλη παρασκευή.*
Ostern.	τὸ πάσχα.*
Pfingsten.	ἡ πεντηκοστή.
Geburtstag.	τὰ γενέθλια.
Jahrestag (Stiftungsfest).	ἡ ἐπέτειος ἑορτή.

Die Monate:	οἱ μῆνες: Ἰανουάριος. Φεβρουάριος. Μάρτιος. Ἀπρίλιος. Μάϊος. Ἰούνιος. Ἰούλιος. Αὔγουστος. Σεπτέμβριος. Ὀκτώβριος. Νοέμβριος. Δεκέμβριος.

13.

Was haben wir für Wetter?	ποῖος ὁ ἀὴρ τὸ νῦν;
Das Wetter ist schön.	εὐδία ἐστίν.
Es ist herrliches Wetter.	εὐδία ἐστὶν ἡδίστη.
Die Sonne scheint.	ἐξέχει εἴλη. ἔχομεν ἥλιον. φαίνεται ὁ ἥλιος. ἥλιος λάμπει.
Es ist warm.	θάλπος ἐστίν.
Es ist windig. (Der Wind geht.)	ἄνεμος γίγνεται.

Es weht ein starker Wind.	ἄνεμος πνεῖ μέγας.
Wir haben Nord-, Süd-, Ost-, Westwind.	ἄνεμος γίγνεται βόρειος, νοτιος, ἀνατολικός, δυτικός.
Es umwölkt sich.	ξυννεφεῖ.
Es sprüht.	ψακάζει.
Es regnet.	ὕει.
Es gießt sehr.	ὄμβρος πολὺς γίγνεται.
Es donnert.	βροντᾷ.
Wir haben ein Gewitter.	βρονταὶ γίγνονται καὶ κεραυνοί.
Es blitzt stark.	ἀστράπτει πολὺ νὴ Δία.
Es hat eingeschlagen.	ἔπεσε σκηπτός. ἔπεσε κεραυνός.
Es ist kalt. (sehr kalt.)	ψῦχίς ἐστιν. (ψ. ἐστι μέγιστον.)
Es schneit! hu!	νίφει· βαβαιάξ!
Es schneit sehr.	χιὼν γίγνεται πολλή.
Es friert.	κρύος γίγνεται.
Warum machst du den (Sonnen-)Schirm zu?	τί πάλιν ξυνάγεις τὸ σκιάδειον;
Mach' ihn wieder auf!	ἐκπέτασον αὐτό!
Her mit dem Schirm!	φέρε τὸ σκιάδειον!
Halte den Schirm über mich!	ὑπέρεχέ μου τὸ σκιάδειον.
Nimm dich hier vor dem Schmutze in Acht!	τὸν πηλὸν τουτονὶ φύλαξαι!

14.

Wann reisen Sie nach Berlin?	πότε ἄπει εἰς Βερόλινον* (Λένδινον, Βιέννην* Wien, Γαστάϊν*, Παρισίους, Πετρούπολιν*, εἰς Ἑλβητίαν, Κίσσιγγεν*, Δρέσδην*, Βρυξέλας*, Μόναχον* München);
Am 12. November.	τῇ δωδεκάτῃ Νοεμβρίου.
Nach Leipzig sind Sie bisher noch nicht gekommen.	εἰς Λείψιαν* οὔπω ἐλήλυθας.
In den Ferien hätte ich Lust auf's Land zu gehen.	ἐν τῷ ἀναπαύλης χρόνῳ ἐπιθυμῶ ἐλθεῖν εἰς ἀγρόν.
Mit welcher Gelegenheit wollen Sie reisen?	τίς σοι γενήσεται πόρος τῆς ὁδοῦ;

Um vier Uhr mit dem Bahnzuge.	τῇ τετάρτῃ ὥρᾳ χρώμενος τῇ ι μαξοστοιχίᾳ.*
O, dann ist es Zeit zu gehen.	ὥρα βαδίζειν ἄρ' ἐστίν.
Es ist Zeit auf den Bahnhof zu gehen.	ὥρα ἐστὶν εἰς τὸν (σιδηροδρομικὸν*) σταθμὸν βαδίζειν.
Es wäre längst Zeit gewesen!	ὥρα ἦν πάλαι.
Nun, so reisen Sie glücklich!	ἀλλ' ἴθι χαίρων!
Adieu!	χαῖρε καὶ σύ!
Er ist abgereist.	οἴχεται.
Mein Bruder ist seit 5 Monaten fort.	ὁ ἐμὸς ἀδελφὸς πέντε μῆνας ἄπεστιν.
Er ist auf der Reise.	ἀποδημῶν ἐστιν.

15.

Kommen Sie mit!	ἕπου!
Kommen Sie mit mir!	ἕπου μετ' ἐμοῦ!
Der Bahnhof ist nicht weit.	ἔστ' οὐ μακρὰν ἄποθεν ὁ σταθμός.
Nun, so wollen wir gehen.	ἄγε νῦν ἴωμεν.
Wir wollen fortgehen.	ἀπίωμεν.
Wir wollen weitergehen.	χωρῶμεν.
Vorwärts!	χώρει!
Wir wollen Euch vorausgehen.	προίωμεν ὑμῶν.
Ich werde eine Droschke nehmen.	ἁμάξῃ χρήσομαι.
Ich werde vielmehr den Omnibus benutzen.	ἐγὼ μὲν οὖν χρήσομαι τῷ λεωφορείῳ*.
Ich meinerseits gehe zu Fuße.	βαδίζω ἔγωγε.
Du reitest.	ὀχεῖ.
Sagen Sie, auf welchem Wege kommen wir am schnellsten nach dem Bahnhofe?	φράζε, ὅπῃ τάχιστα ἀφιξόμεθα εἰς τὸν σταθμόν;
Wir können den Weg nicht finden.	οὐ δυνάμεθα ἐξευρεῖν τὴν ὁδόν.
Ich weiß nicht mehr, wo wir sind.	οὐκέτι οἶδα, ποῖ γῆς ἐσμεν.
Sie haben den Weg verfehlt.	τῆς ὁδοῦ ἡμάρτηκας.
Ach, du mein Gott!	ὦ φίλοι θεοί!

Gehen Sie die Straße hier, so werden Sie sogleich auf den Marktplatz kommen.	ἴθι τὴν ὁδὸν ταυτηνί καὶ εὐθὺς ἐπὶ τὴν ἀγορὰν ἥξεις.
Und was dann?	εἶτα τί;
Dann müssen Sie rechts (links) gehen.	εἶτα βαδιστέα σοι ἐπὶ δεξιά (ἐπ' ἀριστερά).
Gerade aus!	ὀρθήν!
Wie weit ist es etwa?	πόση τις ἡ ὁδός;
Danke.	καλῶς.
Nun, da wollen wir uns beeilen.	ἀλλὰ σπεύδωμεν.
Gehen Sie zu!	χώρει!
Wir sind erst nach dem zweiten Läuten gekommen.	ὕστερον ἤλθομεν τοῦ δευτέρου σημείου.

16.

Du, halt einmal!	ἐπίσχες, οὗτος!
Warte einmal!	ἔχε νῦν ἥσυχος!
Halt! Bleib' stehen!	μέν' ἥσυχος! στῆθι!
Nicht von der Stelle!	ἔχ' ἀτρέμας αὐτοῦ!
So warte doch!	οὐ μενεῖς;
Warte eine Weile auf mich!	ἐπανάμεινον μ' ὀλίγον χρόνον.
Ich werde gleich wiederkommen.	ἀλλ' ἥξω ταχέως.
Wo soll ich dich erwarten?	ποῦ ἀναμενῶ;
Komm' nur schnell wieder!	ἧκέ νυν ταχύ!
Da bin ich wieder.	ἰδού, πάρειμι.
Bist du wieder da?	ἥκεις;
Ich bin dir doch nicht zu lange gewesen?	μῶν ἐπισχεῖν σοι δοκῶ;
Wo bist du nur so lange geblieben?	ποῦ ποτ' ἦσθα ἀπ' ἐμοῦ (ἀφ' ἡμῶν) τὸν πολὺν τοῦτον χρόνον;

17.

Komm her!	δεῦρ' ἐλθέ!
Komm hierher!	ἐλθὲ δεῦρο!
Geh' her!	χώρει δεῦρο!
Geh' hierher, zu mir!	βάδιζε δεῦρο, ὡς ἐμέ!
Du kommst wie gerufen.	ἥκεις ὥσπερ κατὰ θεῖον.

Woher kommst du?	πόθεν βαδίζεις;
Aber wo kommst du eigentlich her?	ἀτὰρ πόθεν ἥκεις ἐτεόν;
Ich komme von Müllers.	ἐκ Μυλλέρου ἔρχομαι.
Geh' mit mir hinein!	εἴσιθι ἀμ' ἐμοί.
Ich bitte dich, noch bei uns zu bleiben.	δέομαί σου παραμεῖναι ἡμῖν.
Das geht nicht!	ἀλλ' οὐχ οἷόν τε!
Wohin gehst du?	ποῖ βαδίζεις;
So bleib' doch da!	οὐ παραμενεῖς;
Wir lassen dich nicht fort.	οὔ σ' ἀφήσομεν.
Ich will zum Friseur.	βούλομαι εἰς τὸ κουρεῖον.
Wir lassen dich durchaus nicht fort.	οὐκ ἀφήσομέν σε μὰ Δία οὐδέποτε.
Laßt mich los!	μέθεσθέ μου!
Kommt schnell zu mir her!	ἴτε δεῦρ' ὡς ἐμὲ ταχέως.
Heute Abend will ich kommen.	εἰς ἑσπέραν ἥξω.
Weg ist er!	φροῦδός ἐστιν!
Wo ist er denn hin?	ποῖ γὰρ οἴχεται;
Er ist fort zum Friseur.	εἰς τὸ κουρεῖον οἴχεται.
Er geht heim.	οἴκαδ' ἔρχεται.
Wir wollen wieder heimgehen.	ἀπίωμεν οἴκαδ' αὖθις.
Er will ihnen entgegen gehen.	ἀπαντῆσαι αὐτοῖς βούλεται.
Er ist ihr begegnet.	ξυνήντησεν αὐτῇ.
Wo wollen wir uns treffen?	ποῖ ἀπαντησόμεθα;
Hier.	ἐνθάδε.

18.

Kellner! Kellner!	παῖ! παῖ!
Wo steckt denn die Bedienung?	οὐ περιδραμεῖταί τις δεῦρο τῶν παίδων;
Sie da, Kellner, wohin laufen Sie? — Nach Gläsern.	οὗτος σύ, παῖ, ποῖ θεῖς; — Ἐπ' ἐκπώματα.
Kommen Sie hierher!	ἐλθὲ δεῦρο!
Bringen Sie mir einmal schnell Bier und Hasenbraten!	ἔνεγκέ μοι ταχέως ζῦθον καὶ λαγῷα.
Ganz wohl, mein Herr!	ταῦτα, ὦ δέσποτα.
So, da bringe ich Alles.	ἰδού, ἅπαντ' ἐγὼ φέρω.
Das Bier schmeckt gut!	ὡς ἡδὺς ὁ ζῦθος!

Es schmeckt mir nicht.	οὐκ ἀρέσκει με.
Das Bier schmeckt sehr stark nach Pech.	ὄζει πίττης ὁ ζῦθος ὀξύτατον.
Bier her, Kellner! — Schleunigst!	φέρε σὺ ζῦθον ὁ παῖς! — πάσῃ τέχνῃ!
So beeilen Sie sich doch!	οὐ θᾶττον ἐγκονήσεις;
Sie sorgen schlecht für uns.	κακῶς ἐπιμελεῖ ἡμῶν!
Kellner, schenken Sie mir noch einmal ein!	παῖ, ἕτερον ἔγχεον!
Schenken Sie mir auch ein!	ἔγχει κἀμοί!
Heute Abend wollen wir nach langer Zeit wieder einmal gehörig zechen.	εἰς ἑσπέραν μεθυσθῶμεν διὰ χρόνου.
Das Kneipen taugt nichts.	κακὸν τὸ πίνειν!
Man bekommt Katzenjammer von dem Bier.	κραιπάλη γίγνεται ἀπὸ τοῦ ζύθου.
Ich will Bier holen.	ἐπὶ ζῦθον εἶμι.
Ich werde Sie nöthigenfalls rufen.	καλέσω σε, εἴ τι δέοι.
Ich gehe und hole mir noch eins.	ἕτερον ἰὼν κομιοῦμαι.
Hier haben Sie es!	ἰδού, τουτὶ λαβέ.
Schön. Sie sollen ein Trinkgeld von mir bekommen.	καλῶς. εὐεργετήσω σε.
Ich bin nicht im Stande hier zu bleiben.	οὐχ οἷός τ' εἰμὶ ἐνθάδε μένειν.
Der Rauch beißt mich in die Augen.	ὁ καπνὸς δάκνει τὰ βλέφαρά μου.
Komm', geh' mit!	ἕπου μετ' ἐμοῦ.
Der Rauch vertreibt mich.	ὁ καπνός μ' ἐκπέμπει.
Kellner, rechnen Sie einmal die Zeche zusammen!	παῖ, λόγισαι ταῦτα.
Sie hatten 6 Bier, Hasenbraten, Brot, macht 2½ Mark.	εἴχετε ζῦθον ἕξ (ποτήρια) καὶ λαγῷα καὶ ἄρτον· γίγνονται οὖν ἡμῖν δύο μάρκαι* καὶ ἡμίσεια.
Hier haben Sie!	ἰδού, λαβέ.
Ich taumele beim Gehen.	σφαλλόμενος ἔρχομαι.

19.

Ich bekomme Hunger.	λιμός με λαμβάνει.
Ich habe nichts zu essen.	οὐκ ἔχω καταφαγεῖν.
Er hat einen Bärenhunger.	βουλιμιᾷ.
Ich komme vor Hunger um.	ἀπόλωλα ὑπὸ λιμοῦ.
Soll ich Ihnen etwas zu essen (zu trinken) geben?	φέρε τί σοι δῶ φαγεῖν; (πιεῖν;)
Geben Sie mir etwas zu essen!	δός μοι φαγεῖν!
Ich will zu Tische gehen.	βαδιοῦμαι ἐπὶ δεῖπνον.
Sie haben noch nicht zu Mittag gegessen?	οὔπω δεδείπνηκας;
Nein!	μὰ Δί' ἐγὼ μὲν οὔ.
Ich muß fort zu Tische.	δεῖ με χωρεῖν ἐπὶ δεῖπνον.
Nun, so gehen Sie schnell zum Essen!	ἀλλ' ἐπὶ δεῖπνον ταχὺ βάδιζε!
Er kommt zu Tische.	ἐπὶ δεῖπνον ἔρχεται.
Der Tisch ist gedeckt.	τὸ δεῖπνόν ἐστ' ἐπεσκευασμένον.
Die Tasse.	τὸ κύπελλον.
Der Teller.	τὸ λεκάνιον.
Die Schüssel.	τὸ τρυβλίον.
Das Messer.	τὸ μαχαίριον.
Die Gabel.	τὸ περούνιον.*
Die Serviette.	τὸ χειρόμακτρον.

20.

Ich lade dich zum Frühstück ein.	ἐπ' ἄριστον καλῶ σε.
Er hat mich zum Frühstück geladen.	ἐπ' ἄριστον μ' ἐκάλεσεν.
Wir werden gut essen und trinken.	εὐωχησόμεθα ἡμεῖς γε.
Ich rechnete darauf, daß Sie kommen würden.	ἐλογιζ'μην ἐγώ σε παρέσεσθαι.
Er frühstückt.	ἀριστᾷ.
Es giebt Braten.	πάρεστι κρέα ὠπτημένα.
Kalbsbraten.	(κρέα) μόσχεια.
Rinderbraten.	βόεια.
Schweinebraten.	χοίρεια.

Es giebt Hammelbraten.	πάρεστι (κρέα) ἄρνεια.
Ziegenbraten.	ἐρίφεια.
Keule, Schinken.	κωλῆ.
Hasenbraten.	λαγῷα.
Geflügel.	ὀρνίθεια.
Aal.	ἐγχέλεια.
Aal habe ich nicht gern; lieber äße ich Geflügel.	οὐ χαίρω ἐγχέλεσιν, ἀλλ' ἥδιον ἂν φάγοιμι ὀρνίθεια.
Das esse ich am liebsten.	ταῦτα γὰρ ἥδιστ' ἐσθίω.
Das habe ich gestern gegessen.	τοῦτο χθὲς ἔφαγον.
Bringen Sie Krammetsvögel für mich her!	φέρε δεῦρο κίχλας ἐμοί!
Kosten Sie einmal davon!	γεῦσαι λαβών!
Essen Sie einmal dies!	φάγε τουτί!
Nein, das bekommt mir gar nicht gut.	μὰ τὸν Δία, οὐ γὰρ οὐδαμῶς μοι ξύμφορον.
Knuspern Sie einmal dies!	ἔντραγε τουτί!
Genöthigt wird principiell nicht.	οὐ προσαναγκάζομεν οὐδαμῶς.
Das Fleisch schmeckt sehr gut.	τὰ κρέα ἥδιστά ἐστιν.
Das schmeckt gut.	ὡς ἡδύ!
Die Sauce schmeckt sehr gut.	ὡς ἡδὺ τὸ κατάχυσμα!
Eins vermisse ich noch.	ἓν ἔτι ποθῶ.
Geben Sie mir doch ein Stück Brot!	δός μοι δῆτα ὀλίγον τι ἄρτου!
Und ein Stück Wurst und Erbsenbrei.	καὶ χορδῆς τι καὶ ἔτνος πίσινον.
Der Nachtisch.	τὸ ἐπίδειπνον.
Was wollen wir zum Dessert essen?	τί ἐπιδειπνήσομεν;
Bringen Sie noch etwas Weißbrot mit Schweizerkäse!	παράθες ἔτι ὀλίγον τι ἄρτου πυρίνου μετὰ τυροῦ ἐλβητικοῦ!
Es wird Kuchen gebacken.	πόπανα πέττεται.
Da haben Sie auch ein Stück Speckkuchen.	λαβὲ καὶ πλακοῦντος πίονος τόμον.
Ich danke bestens! (Nein!)	κάλλιστα· ἐπαινῶ.
Auch ich habe genug.	κἀμοί γ' ἅλις.
Bringen Sie Wein! (Weiß=, Roth=.)	φέρ' οἶνον (λευκόν, ἐρυθρόν).
Der Wein hat Bouquet.	ὀσμὴν ἔχει ὁ οἶνος ὁδί.
Ich trinke diesen Wein hier gern.	ἡδέως πίνω τὸν οἶνον τονδί.

Es ist noch Wein übrig geblieben.	οἶνός ἐστι περιλελειμμένος.
Wie viel etwa?	πόσον τι;
Ueber die Hälfte.	ὑπὲρ ἥμισυ.
Was soll ich damit machen?	τί χρήσομαι τούτῳ;

B. In der Schule.

21.

Es ist Zeit zu gehen!	ὥρα προβαίνειν σοί ἐστιν.
Es ist Zeit in's Gymnasium zu gehen!	ὥρα ἐστὶν εἰς τὸ γυμνάσιον βαδίζειν.
So mach' doch, daß du in's Gymnasium kommst!	οὐκ ἂν φθάνοις εἰς τὸ γυμνάσιον ἰών;
Halt dich nicht auf! — Beeile dich!	μὴ νῦν διάτριβε! — σπεῦδέ νυν!
Du hast keine Zeit mehr zu verlieren.	ὁ καιρός ἐστι μηκέτι μέλλειν.
Mach' dir keine Sorge!	μὶ φροντίσῃς.
Nur nicht ängstlich!	μηδὲν δείσῃς.
Sei unbesorgt!	μηδὲν φοβηθῇς.

22.

Wir wollen beten!	ἀλλ᾽ εὐχώμεθα!
Ich bin doch nicht etwa zu spät gekommen?	μῶν ὕστερος πάρειμι;
Ich bin zu spät gekommen.	ὕστερος ἦλθον!
Hilf Himmel! — Ach, ich Aermster!	Ἄπολλον ἀποτρόπαιε! — οἴμοι κακοδαίμων!
Ich Unglückswurm!	κακοδαίμων ἐγώ!
Verwünscht!	οἴμοι τάλας!
Wo kommen Sie denn nur her?	πόθεν ἥκεις ἐτεόν;
Sie sind wieder zu spät gekommen!	ὕστερον αὖθις ἦλθες!
Weshalb sind Sie jetzt erst gekommen?	τοῦ ἕνεκα τηνικάδε ἀφίκου;
Es hat noch nicht acht geschlagen.	οὐ γάρ πω ἐσήμηνε τὴν ὀγδόην.
Sie sind erst nach dem Läuten gekommen!	ὕστερος σὺ ἦλθες τοῦ σημείου.

Seien Sie nicht böse; meine Uhr geht falsch.	μὴ ἀγανάκτει· τὸ γὰρ ὡρολόγιόν μου οὐκ ὀρθῶς χωρεῖ.
Wirklich? Zeigen Sie einmal!	ἄληθες; ἀλλὰ δεῖξον! (nicht: ἀληθὲς;)
Setzen Sie sich!	κάθιζε!

23.

Wollen einmal sehen, was Sie geschrieben haben!	φέρ' ἴδω, τί οὖν ἔγραψας.
Hier ist es.	ἰδού.
Wovon handelt der Aufsatz?	ἐστὶ δὲ περὶ τοῦ τὰ γεγραμμένα;
Geben Sie das Heft her, damit ich es lesen kann.	φέρε τὸ βιβλίον, ἵν' ἀναγνῶ.
Wollen einmal sehen, was darin steht!	φέρ' ἴδω, τί ἔνεστιν.
Haben Sie einen Bleistift?	ἔχεις κυκλομόλυβδον;
Das R hier ist miserabel.	τὸ ῥῶ τουτὶ μοχθηρόν.
Was ist denn das eigentlich für ein Buchstabe?	τουτὶ τί ποτ' ἐστὶ γράμμα;
Sie geben sich keine Mühe!	οὐκ ἐπιμελὴς εἶ.
Haben Sie das allein gemacht (verfaßt)?	αὐτὸς σὺ ταῦτα ἔγραφες;
Verfaßt ist es von mir, aber von meinem Vater corrigirt.	συντετάχθαι μὲν ταῦτα ὑπ' ἐμοῦ, διώρθωται δὲ ὑπὸ τοῦ πατρός.
Haben Sie alles berührt und nichts übergangen?	ἦ πάντα ἐπελήλυθας κοὐδὲν παρῆλθες;
Ich glaube wenigstens.	δοκεῖ γοῦν μοι.
Das steht nicht darin.	οὐκ ἔνεστι τοῦτο.
Ich habe die Nacht nicht geschlafen, sondern bis zum Morgen an meiner Rede gearbeitet.	οὐκ ἐκάθευδον τὴν νύκτα, ἀλλὰ διεπονούμην πρὸς φῶς περὶ τὸν λόγον.
Ich weiß schon, wie Sie es machen.	τοὺς τρόπους σου ἐπίσταμαι.
Hier haben Sie zweimal dasselbe gesagt!	ἐνταῦθα δὶς ταὐτὸν εἶπες!
Gleich von vornherein haben Sie einen kolossalen Bock gemacht.	εὐθὺς ἡμάρτηκας θαυμασίως ὡς.
Ihre Arbeit enthält 20 Fehler.	ἔχει τὸ σὸν εἴκοσιν ἁμαρτίας.
Sie wissen von vielen Dingen nichts.	πολλά σε λανθάνει.

24.

Weiter nun!	ἴθι νυν.
Ich will Sie einmal examiniren, wie es mit Ihnen im Griechischen steht.	βούλομαι λαβεῖν σου πεῖραν, ὅπως ἔχεις περὶ τῶν Ἑλληνικῶν.
Wie heißt der Genitiv von diesem Wort?	ποία ἐστὶν ἡ γενικὴ ταύτης τῆς λέξεως;
Der Nominativ, Dativ, Accusativ, Vocativ?	ἡ ὀνομαστική, δοτική, αἰτιατική, κλητική;
Falsch!	μὴ δῆτα!
Der Genitiv von diesem Worte ist ungebräuchlich.	ἡ γενικὴ τῆς λέξεως ταύτης ἄχρηστός ἐστιν.
Ganz richtig!	ὀρθῶς γε!
Wie heißt der Indicativ des Präsens von diesem Verb?	ποῖός ἐστιν ὁ ἐνεστὼς (χρόνος) τῆς ὁριστικῆς τοῦ ῥήματος τούτου;
Das will ich mir notiren.	μνημόσυνα ταῦτα γράψομαι.
Ich schreibe mir das auf.	γράφομαι τοῦτο.
Der Conjunctiv, Optativ, Imperativ.	ἡ ὑποτακτική, εὐκτική, προστακτική.
Der Infinitiv, das Particip.	ἡ ἀπαρέμφατος, ἡ μετοχή.
Das Imperfect, Perfect.	ὁ παρατατικός, ὁ παρακείμενος.
Plusquamperfect, Aorist.	ὁ ὑπερσυντελικός, ἀόριστος.
Futurum. (Erstes, zweites.)	ὁ μέλλων. (πρῶτος, δεύτερος.)
Das Activ, Passiv.	τὸ ἐνεργητικόν, παθητικόν.
Sie betonen falsch.	οὐκ ὀρθῶς τονοῖς.
Der Accent (Acut, Gravis, Circumflex).	ἡ κεραία (ἡ ὀξεῖα, βαρεῖα, περισπωμένη).
Der Artikel muß stehen.	δεῖ τοῦ ἄρθρου.

25.

Geben Sie Acht!	πρόσεχε τὸν νοῦν!
Beantworten Sie mir, was ich fragen werde.	ἀπόκριναι, ἅττ' ἂν ἔρωμαι.
Antworten Sie bestimmt!	ἀπόκριναι σαφῶς!
Reden Sie laut!	λέξον μέγα.

Versuchen Sie etwas recht Scharfsinniges u. Gescheites zu sagen!	ἀποκινδύνευε λεπτόν τι καὶ σοφὸν λέγειν.
Bitte, sprechen Sie weiter!	λέγοις ἂν ἄλλο.
Fahren Sie fort!	λέγε, ὦ 'γαθέ!
Nun, Sie scheinen nicht zu wissen, was Sie sagen sollen.	ἀλλ' οὐκ ἔχειν ἔοικας, ὅτι λέγῃς.
Warum reden Sie nicht weiter?	τί σιωπῇς;
Sagen Sie mir, was Sie meinen!	εἰπέ μοι, ὅτι λέγεις.
Was reden Sie da für verkehrtes Zeug?	τί ταῦτα ληρεῖς;
Sie schwatzen in's Blaue hinein!	ἄλλως φλυαρεῖς.
Das ist was ganz Anderes!	οὐ ταὐτόν, ὦ 'τάν!
Nicht darnach frage ich Sie!	οὐ τοῦτ' ἐρωτῶ σε.
Doch (sc. abbrechend) antworten Sie einmal auf meine Frage.	καὶ μὴν ἐπερωτηθεὶς ἀπόκριναί μοι.
Sie sprechen in Räthseln!	δι' αἰνιγμῶν λέγεις.
Ist das Ihr Ernst oder scherzen Sie?	σπουδάζεις ταῦτα ἢ παίζεις;
Unsinn!	οὐδὲν λέγεις!
Machen Sie weiter kein Gerede!	μὴ λάλει!
Schweigen Sie!	σίγα! / σιώπα!
So schweigen Sie doch!	οὐ σιγήσει;
O Sie Schwachkopf!	ὦ μῶρε σύ!

26.

Ich will Ihnen eine Abbildung zeigen.	εἰκόνα ὑμῖν ἐπιδείξω.
Sehen Sie einmal hinunter!	βλέψατε κάτω!
Sehen Sie hinauf!	βλέπετε ἄνω!
Wo sehen Sie hin?	ποῖ βλέπεις;
Sie sehen wo anders hin.	ἑτέρωσε βλέπεις.
Sieh einmal hierher!	δεῦρο σκέψαι!
Ich höre ein Geräusch dahinten.	καὶ μὴν αἰσθάνομαι ψόφου τινός ἐξόπισθεν.
da vorn.	ἐν τῷ πρόσθεν.
Hören Sie auf zu schwatzen!	παῦσαι λαλῶν!
So schwatzen Sie doch nicht!	οὐ μὴ λαλήσετε;

27.

Sagen Sie mir nun die schönste Stelle aus der Antigone her!	ἐκ τῆς Ἀντιγόνης τὸ νῦν εἰπὲ τὴν καλλίστην ῥῆσιν ἀπολέγων.
Den Anfang der Odyssee.	τὸ πρῶτον τῆς Ὀδυσσείας.
Was bedeutet diese Stelle?	τί νοεῖ τοῦτο;
Sie sind nicht recht bei Troste!	κακοδαιμονῇς.
Wie naiv!	ὡς εὐηθικῶς!
Wo haben Sie Ihren Verstand?	ποῦ τὸν νοῦν ἔχεις;
Sie sind von Sinnen!	παραφρονεῖς!
Diese Stelle hat Sophokles nicht so aufgefaßt, wie Sie sie auffassen. Ueberlegen Sie es sich besser!	τὴν ῥῆσιν ταύτην οὐχ οὕτω Σοφοκλῆς ὑπελάμβανεν, ὡς σὺ ὑπολαμβάνεις. ὅρα δὴ βέλτιον!
Beachten Sie diesen Ausdruck!	σκόπει τὸ ῥῆμα τοῦτο!
ἥκω ist gleichbedeutend mit κατέρχομαι.	ἥκω ταὐτόν ἐστι τῷ κατέρχομαι.
Was soll das bedeuten?	τίς ὁ νοῦς;
Jetzt sprechen Sie vernünftig.	τουτὶ φρονίμως ἤδη λέγεις.
Sie haben nunmehr den Sinn vollkommen inne.	πάντ' ἔχεις ἤδη.
Sie haben gut combinirt.	εὖ γε ξυνέβαλες!
Das ist ohne Zweifel das Schönste, was Sophokles gedichtet hat.	τοῦτο δήπου κάλλιστον πεποίηκε Σοφοκλῆς.
Sophokles steht über Euripides.	Σοφοκλῆς πρότερός ἐστ' Εὐριπίδου.
Doch ist dieser ebenfalls ein guter Dichter.	ὁ δ' ἀγαθὸς ποιητής ἐστι καὶ αὐτός.
Ich bin kein Verehrer des Euripides.	οὐκ ἐπαινῶ Εὐριπίδην μὰ Δία.
Fällt Ihnen nicht ein Vers des Euripides ein?	οὐκ ἀναμιμνήσκει ἴαμβον Εὐριπίδου;
Das können Sie ziemlich gut.	τουτὶ μὲν ἐπιεικῶς σύγ' ἐπίστασαι.
Im Euripides sind Sie gut bewandert.	Εὐριπίδην πεπάτηκας ἀκριβῶς.
Wo haben Sie das so gut gelernt?	πόθεν ταῦτ' ἔμαθες οὕτω καλῶς;
Ich habe mir viele Stellen von Euripides abgeschrieben.	Εὐριπίδου ῥήσεις ἐξεγραψάμην πολλάς.

Declamire mir ein Stück von einem neueren Dichter!	λέξον τι τῶν νεωτέρων.
Sie verdienen es nicht, denn einen originellen Dichter wird man wohl nicht mehr unter ihnen finden.	οὐκ ἄξιοί εἰσι τούτου, γόνιμον γὰρ ποιητὴν οὐκ ἂν ἔτι εὕροις ἐν αὐτοῖς.
Welche Ansicht haben Sie über Aeschylus?	περὶ Αἰσχύλου δὲ τίνα ἔχεις γνώμην;
Den Aeschylus stelle ich am höchsten unter den Dichtern.	Αἰσχύλον νομίζω πρῶτον ἐν ποιηταῖς.
Kennen Sie dieses Lied von Simonides?	ἐπίστασαι τοῦτο τὸ ᾆσμα Σιμωνίδου;
Ja!	μάλιστα.
Ja gewiß!	ἔγωγε νὴ Δία.
Soll ich es ganz hersagen?	βούλει πᾶν διεξέλθω;
Ist nicht nöthig.	οὐδὲν δεῖ.
Wie heißen diese Verse? (sc. mit Namen.)	ὄνομα δὲ τούτῳ τῷ μέτρῳ τί ἐστιν;
Ich kann das Gedicht nicht.	τὸ ᾆσμα οὐκ ἐπίσταμαι.
Doch ich wende mich nun zu dem zweiten Act der Tragödie.	καὶ μὴν ἐπὶ τὸ δεύτερον τῆς τραγῳδίας μέρος τρέψομαι.

28.

Suchen Sie in Ihrem Buche den Abschnitt über Sokrates auf! Es ist Nr. 107.	ζητεῖτε τὸ περὶ Σωκράτους λαβόντες τὸ βιβλίον. ἐστὶ δὲ τὸ ἑκατοστὸν καὶ ἕβδομον.
Nun, so geben Sie Acht!	ἀλλὰ προσέχετε τὸν νοῦν.
Wir wollen das (mündlich) in's Griechische übersetzen.	λέγωμεν ἑλληνικῶς ταῦτα μεταβάλλοντες.
Fangen Sie an, N.!	ἴθι δή, λέγε, ἇ N.
Ich bin mit Ihrer Uebersetzung zufrieden.	ταῦτα μ' ἤρεσας λέγων.
Von wem haben Sie Griechisch gelernt?	τίς σ' ἐδίδαξε τὴν ἑλληνικὴν φωνήν;
Fahren Sie fort!	λέγε.
Das ist wieder ganz geschickt.	τοῦτ' αὖ δεξιόν.
Fahren Sie fort!	λέγε δὴ σύ, ὦ 'γαθέ.

Sie übersetzen ungeschickt.	σκαιῶς ταῦτα λέγεις.
Das ist ein Jonisches Wort.	τοῦτ' ἐστ' Ἰωνικὸν τὸ ῥῆμα.
Sie übersetzen in Jonischem Dialekt.	Ἰωνικῶς λέγεις.
Nun, wie wollen Sie übersetzen?	φέρε δὴ, τί λέγεις;
Machen Sie schnell u. übersetzen Sie!	ἀλλ' ἀνύσας λέγε!
Mit Ihnen ist nichts.	σύγ' οὐδὲν εἶ.
Es ist meine Pflicht, daß ich Ihnen dies sage.	δικαίως δὲ τοῦτό σοι λέγω.
Sie können ja nicht drei Worte übersetzen, ohne Fehler zu machen.	σὺ γὰρ οὐδὲ τρία ῥήματα ἑλληνικῶς εἰπεῖν οἷός τ' εἶ πρὶν ἐξαμαρτεῖν.
Hören Sie auf!	παῦε!
Uebersetzen Sie dieses Stück auch schriftlich!	καὶ μεταγράψετε αὐτὸ τοῦτο ἑλληνιστί!
Verstanden?	μανθάνετε;
Ja wohl!	πάνυ μανθάνομεν.
Die Aufgabe.	τὸ ἔργον.
Wie fatal, daß ich das Heft vergessen habe!	ἐς κόρακας! ὡς ἄχθομαι, ὅτι ἐπελαθόμην τοὺς χάρτας (τὸ βιβλίον) προσφέρειν.
Leih' mir eine Feder und Papier!	χρῆσόν τί μοι γραφεῖον καὶ χάρτην.

29.

Jeder geht an seine Arbeit.	πᾶς χωρεῖ πρὸς ἔργον.
Was haben wir (beiden) denn nun weiter zu thun?	ἄγε δή, τί νῷν ἐντευθενὶ ποιητέον;
So, das wäre besorgt.	ταυτὶ δέδραται.
Ich will's besorgen.	ταῦτα δράσω.
Das will ich schon besorgen.	μελήσει μοι ταῦτα.
Da ist Alles, was du brauchst.	ἰδοὺ πάντα, ὧν δέει.
Hast du Alles, was du brauchst?	ἆρ' ἔχεις ἅπαντα, ἃ δεῖ;
Ja, ich habe Alles da, was ich brauche.	πάντα νὴ Δία πάρεστι μοι, ὅσων δέομαι.
Die Sache ist ganz einfach.	φαυλότατον ἔργον.
Zu welchem Zwecke thut ihr dies?	ἵνα δὴ τί τοῦτο δρᾶτε;
So geht die Sache viel besser.	χωρεῖ τὸ πρᾶγμα οὕτω πολλῷ μᾶλλον.

Sei fleißig bei der Arbeit!	τῷ ἔργῳ πρόσεχε!
Mach' es nicht wie die Andern!	μὴ ποίει, ἅπερ οἱ ἄλλοι δρῶσιν!
Die Arbeit geht nicht vorwärts.	οὐ χωρεῖ τοὔργον.
Was wollen Sie denn thun?	τί δαὶ ποιήσεις;
Das Weitere ist Eure Aufgabe.	ὑμέτερον ἐντεῦθεν ἔργον.
Hilf mir, wenn du (jetzt) keine Abhaltung hast!	συλλαμβάνου, εἰ μή σέ τι κωλύει!
Ich habe keine Zeit.	οὐ σχολή (μοι).

30.

Wie denken Sie über diesen Schüler, Herr Rector?	τί οὖν ἐρεῖς περὶ τούτου τοῦ μαθητοῦ, ὦ γυμνασίαρχε;
Der Mensch ist nicht unbegabt.	οὐ σκαιὸς ἄνθρωπος.
Er scheint mir nicht unbegabt zu sein.	οὐ σκαιός μοι δοκεῖ εἶναι.
Nein, er ist (vielmehr) recht befähigt.	δεξιὸς μὲν οὖν ἐστιν.
Und lerneifrig und geweckt.	καὶ φιλομαθὴς καὶ ἀγχίνους.
Und wie ist der Andere?	ὁ δὲ ἕτερος ποῖός τις;
Er gehört zur schlechten Sorte.	ἐστὶ τοῦ πονηροῦ κόμματος.
Nun, mit diesem werde ich später ein Wort reden.	ἀλλὰ πρὸς τοῦτον μὲν ὕστερός ἐστί μοι λόγος.
Er ist vergeßlich und schwer von Begriffen.	ἐπιλήσμων γάρ ἐστι καὶ βραδύς.
Und er giebt sich keine Mühe.	καὶ οὐκ ἐπιμελής ἐστιν.
Er ist der dümmste von allen.	ἠλιθιώτατός ἐστι πάντων.
Er hat sich ganz und gar geändert.	πολὺ πάνυ μεθέστηκεν.
Ich weiß es wohl.	οἶδά τοι.
Wir werden entsprechende Maßregeln ergreifen.	ποιήσομέν τι τῶν προὔργου.
Er ist „dumm, faul und gefräßig."	ἠλίθιός τε καὶ ἀργὸς καὶ γάστρις ἐστίν.
Er ist ganz verdreht.	μελαγχολᾷ.
Wie macht A. seine Sache?	ὁ δὲ Ἀ. πῶς παρέχει τὰ ἑαυτοῦ;
Nach (seinen) Kräften.	καθ' ὅσον ἂν σθένῃ.
Ziemlich gut.	ἐπιεικῶς.
(Censuren:) 1.	εὖγε.
1 b.	καλῶς.
2 a.	ἀκριβῶς.

2.	ὀρθῶς.
2 b.	ἐπιεικῶς.
3 a.	μετρίως.
3.	μέσως.
3 b.	φαύλως.
4.	οὐκ ὀρθῶς.

31.

Singe etwas!	ᾆσόν τι!
Ich kann nicht singen.	μελῳδεῖν οὐκ ἐπίσταμαι
Singt einmal ein Lied!	μέλος τι ᾄσατε.
Was gedenkt Ihr zu singen?	τί ἐπινοεῖτε ᾄδειν;
Nun, was sollen wir denn singen?	ἀλλὰ τί δῆτ' ᾄδωμεν;
Sagen Sie nur, was Sie gern hören.	εἰπὲ, οἷστισι χαίρεις.
Ein herrliches Lied!	ὡς ἡδὺ τὸ μέλος!
Wir wollen noch eins singen.	ἕτερον ᾀσόμεθα.
Erlauben Sie, daß ich ein Solo singe!	ἔασόν με μονῳδῆσαι.
Singe, soviel du willst!	ἀλλ' ᾆδ' ὁπόσα βούλει.
Hör' auf zu singen!	παῦσαι μελῳδῶν!
Du singst immer nur vom Wein.	οὐδὲν γὰρ ᾄδεις πλὴν οἶνον.
Das gefällt mir.	τουτί μ' ἀρέσκει.
Ihnen gefällt das?	σὲ δὲ τοῦτ' ἀρέσκει;
Was Sie eben gesungen haben, werde ich sicherlich nie vergessen.	ὅσα ἄρτι ᾖσας, οὐ μὴ ἐπιλάθωμαί ποτε.
Ich will ein Lied dazu singen.	ἐπᾴσομαι μέλος τι.

32.

Sie haben Recht.	εὖ λέγεις.
Sie haben wirklich Recht.	εὖ τοι λέγεις.
Sie könnten vielleicht Recht haben.	ἴσως ἄν τι λέγοις.
Sie haben ganz Recht.	εὖ πάνυ λέγεις.
Sie haben offenbar Recht.	εὖ λέγειν σὺ φαίνει.
Ich denke, Sie haben Recht.	εὖ γέ μοι δοκεῖς λέγειν.
Das ist auch meine Ansicht.	συνδοκεῖ ταῦτα κἀμοί.
Es kommt mir allerdings auch so vor.	τοῦτο μὲν κἀμοὶ δοκεῖ.
Das ist ganz klar.	τοῦτο περιφανέστατον.

Das ist ein billiger Vorschlag.	δίκαιος ὁ λόγος.
Glaub's gern.	πείθομαι.
Wie es scheint.	ὡς ἔοικεν.
Dafür giebt es viele Beweise.	τούτων τεκμήριά ἐστι πολλά.
Ich schließe es aus Thatsachen.	ἔργῳ τεκμαίρομαι.

33.

Ja! (Ohne Zweifel!)	νὴ Δία!
Ja wahrhaftig!	νὴ τοὺς θεούς! — νὴ τὸν Ποσειδῶ!
Ganz recht!	μάλιστά γε. — πάνυ!
Sehr richtig!	κομιδῇ μὲν οὖν!
Natürlich!	εἰκότως! — εἰκὸς γάρ!
Ja natürlich!	εἰκότως γε (νὴ Δία)!
Ganz gewiß!	εὖ ἴσθ' ὅτι!
Ich? Freilich, Sie!	ἐγώ; σὺ μέντοι!
Kann sein!	οὐκ οἶδα.
Kann wohl sein!	ἔοικεν!
Kein Wunder!	κοὺ θαῦμά γε!
Und das ist gar kein Wunder!	καὶ θαῦμά γ' οὐδέν!
Schön!	εὖ λέγεις!
Du fragst noch?	οὐκ οἶσθα;

34.

Nein!	οὐ μὰ Δία!
Nein, ich nicht.	μὰ Δί' ἐγὼ μὲν οἴ.
Nein, sondern ...	οὔκ· ἀλλά ...
Nicht doch!	μὴ δῆτα!
Thu's nicht!	μή νυν ποιήσῃς!
Noch nicht!	μὴ δῆτά πώ γε.
Nicht eher, als bis (dies geschieht).	οὔκ, ἢν μὴ (τοῦτο γένηται).
Ja nicht!	μηδαμῶς!
Ist nicht nöthig!	οὐδὲν δεῖ!
Freilich nicht.	μὰ Δί' οὐ μέντοι.
(Ich) leider nicht!	εἰ γὰρ ὤφελ(ον)!

3*

Du bist gescheit! (ironisch ablehnend.)	σωφρονεῖς! — δεξιὸς εἶ!
Kein Gedanke!	ἥκιστα!
Am allerwenigsten!	ἥκιστά γε!
Um keinen Preis!	ἥκιστα πάντων!
Nein, und wenn Ihr Euch auf den Kopf stellt!	οὐκ ἂν μὰ Δία, εἰ κρέμαισθέ γε ὑμεῖς!
Denken Sie, ich sei verrückt?	μελαγχολᾶν μ' οὕτως οἴει;
So steht die Sache nicht!	οὐχ οὗτος ὁ τρόπος!
Wenn zehnmal!	ἀλλ' ὅμως!
Sie haben nicht Recht!	οὐκ ὀρθῶς λέγεις.
Ach was! (Blech!)	λῆρος!
Das ist Unsinn!	οὐδὲν λέγεις!
Aber das ist was ganz Anderes!	ἀλλ' οὐ ταὐτόν!
Aber das gehört ja gar nicht hierher, was Sie sagen!	ἀλλ' οὐκ εἶπας ὅμοιον!

C. Handel und Wandel.

35.

Er will etwas haben.	αἰτεῖ λαβεῖν τι.
Er hat Alles, was er braucht.	ἔχει ἅπαντα, ἃ δεῖ.
Was wünschen Sie?	τοῦ δέει;
Weshalb sind Sie hergekommen?	{ τοῦ δεόμενος ἦλθες ἐνθαδί; ἥκεις κατὰ τί;
Was hat Sie hergeführt?	ἐπὶ τί πάρει δεῦρο;
Ich bitte Sie, leihen Sie mir 20 Mark!	δάνεισόν μοι πρὸς τῶν θεῶν εἴκοσι μάρκας*!
Die Noth zwingt mich dazu.	ἡ ἀνάγκη με πιέζει.
Nein!	μὰ Δί' ἐγὼ μὲν οὔ.
Sie haben, was Sie brauchen.	ἔχεις ὧν δέει.
So helfen Sie mir doch!	οὐκ ἀρήξεις;
Haben Sie Mitleid mit mir!	οἴκτειρόν με!
Was wollen Sie mit dem Gelde machen?	τί χρήσει τῷ ἀργυρίῳ;
Ich will meinen Schuhmacher bezahlen.	ἀποδώσω τῷ σκυτοτόμῳ.

Woher soll ich das Geld bekommen?	πόθεν τὸ ἀργύριον λήψομαι;
Hier haben Sie es!	ἰδοὺ τουτὶ λαβέ!
Haben Sie vielen Dank!	εὖ γ' ἐποίησας!
Der Himmel segne Sie tausendmal!	πόλλ' ἀγαθὰ γένοιτό σοι!
Seien Sie nicht böse, mein Lieber!	μὴ ἀγανάκτει, ὦ 'γαθέ!
Seien Sie so gut und sprechen Sie nicht davon!	οἶσθ' ὃ δρᾶσον; μὴ διαλέγου περὶ τούτου μηδέν!
Aber ich bitte Sie —!	ἀλλ' ὦ 'γαθέ —!

36.

Da kommt der Jude wieder!	καὶ μὴν ὁδὶ ἐκεῖνος ὁ Ἰουδαῖος!
Schöne Portemonnaies! Shlipse! Messer!	βαλάντια καλά! λαιμοδέτια!* μαχαίρια!
Was soll ich für dies hier zahlen?	τί δῆτα καταθῶ τουτουί;
Zwei Mark fünfzig.	δύο μάρκας* καὶ πεντήκοντα.
Nein, das ist zuviel.	μὰ Δί', ἀλλ' ἔλαττον.
Geben Sie zwei Mark dafür!	δύο μάρκας τελεῖς;
Hier haben Sie 1 Mark 50 Pf.	λαβὲ μάρκην καὶ ἡμίσειαν.
Was kosten die Portemonnaies?	πῶς τὰ βαλάντια ὤνια;
Für 4 Mark können Sie ein ganz schönes bekommen.	λήψει τεσσάρων μαρκῶν πάνυ καλόν.
Nehmen Sie es wieder mit, ich kaufe es nicht. — Sie wollen zu viel profitiren.	ἀπόφερε· οὐκ ὠνήσομαι. κερδαίνειν γὰρ βούλει πολύ.
Was bieten Sie gutwillig?	αὐτὸς σὺ τί δίδως;
Was ich biete? Zwei Mark würde ich geben.	ὅτι δίδωμι; δοίην ἂν δύο μάρκας.
Da nehmen Sie es; denn es ist immer besser als nichts zu lösen.	ἔνεγκε τοίνυν· κρεῖττον γάρ ἐστιν ἢ μηδὲν λαβεῖν.
Wir werden den Kerl nicht wieder los!	ἄνθρωπος οὐκ ἀπαλλαχθήσεται ἡμῶν.
Das Messer taugt nichts; ich würde nicht 1 Mark dafür geben.	οὐδέν ἐστιν ἡ μάχαιρα· οὐκ ἂν πριαίμην οὐδὲ μιᾶς μάρκης.
Ich habe selbst seiner Zeit 3 Mark dafür gegeben.	αὐτὸς ἀντέδωκα τούτου ποτὲ τρεῖς μάρκας.
Ich verdiene nichts daran.	οὐδέν μοι περιγίγνεται.

Wirklich?	ἀληθες;
Schwören Sie einmal!	ὄμοσον!
Bei Gott!	οὐ μὰ τοὺς θεούς!
Verkaufen Sie es an einen Andern!	πώλει τοῦτο ἄλλῳ τινί!
Ich will es Ihnen ablaufen.	ὠνήσομαί σοι ἐγώ.
Da haben Sie das Geld.	ἔχε δὴ τἀργύριον.
Das wäre abgemacht.	ταῦτα δή.
Ich habe 3 Mark dafür bezahlt.	ἀπέδωκα ὀφείλων τρεῖς μάρκας.
In Leipzig verkauft man das Dutzend für 20 Mark.	ἐν Λειψίᾳ* πωλοῦνται κατὰ δώδεκα εἴκοσι μαρκῶν.
Das hier hat er für 1 Mark verkauft.	τοδὶ ἀπέδοτο μιᾶς μάρκης.

37.

Guten Tag!	χαῖρε!
Guten Tag, mein Herr!	χαῖρε καὶ σύ!
Womit kann ich dienen?	ἥκεις δὲ κατὰ τί;
Was wünschen Sie?	τοῦ δέει;
Ich brauche Rock und Hose.	δέομαι ἱματίου τε καὶ βρακῶν.
Das Hemd.	ὁ χιτών.
Der Hut.	ὁ πῖλος.
Der Ueberrock.	τὸ ἐπάνω ἱμάτιον.
Die Stiefel.	τὰ ὑποδήματα.
Der Strumpf.	ἡ περικνημίς.
Das Taschentuch.	τὸ ῥινόμακτρον.
Was soll ich dafür zahlen?	τί τελῶ ταῦτα ὠνούμενος;
50 Mark für einen Rock und 20 Mark für die Beinkleider.	πεντήκοντα μάρκας* εἰς ἱμάτιον, εἴκοσι δ' εἰς βράκας.
Hier ist ein sehr schöner Rock nebst Beinkleidern.	κάλλιστον τοδὶ ἱμάτιον μετὰ βρακῶν.
Wird er mir passen?	ἆρ' ἁρμόσει μοι;
Legen Sie gefälligst ab!	κατάθου δῆτα τὸ ἐπάνω ἱμάτιον.
Bitte, ziehen Sie einmal den Rock aus!	{ ἀπόδυθι, ἀντιβολῶ, θοἰμάτιον! { βούλει ἀποδύεσθαι θοἰμάτιον;
Sie haben keinen neuen Rock an.	οὐ καινὸν ἀμπέχει ἱμάτιον.
Nein, der alte Rock hat Löcher.	οὐ μὰ Δί'· ἀλλ' ὅπως ἔχει τὸ τριβώνιον.

Was Sie nun für einen schönen An=zug haben!	ποίαν ἤδη ἔχεις σκευήν!
Der neue Rock sitzt vortrefflich.	ἄριστ᾽ ἔχει τὸ καινὸν ἱμάτιον.
Haben Sie etwas daran auszusetzen?	ἔχεις τι ψέγειν τούτου;
Er steht mir nicht.	οὐ πρέπει μοι.

38.

Die Stiefel fehlen noch.	ὑποδημάτων δεῖ.
Nimm hier meine!	τἀμὰ ταυτὶ λάμβανε!
Erst zieh' diesen an!	τοῦτο πρῶτον ὑποδύου.
Zieh' endlich die Stiefel an!	ἄννυσον ὑποδυσάμενος!
Zieh' die Stiefeletten aus!	ἀπόδυον τὰς ἐμβάδας (τὰ ἐμβάδια).
Zieh' diese hier an!	ὑπόδυθι τάσδε.
Passen sie?	ἆρ᾽ ἁρμόττουσιν;
Ja, sie sitzen vortrefflich.	νὴ Δί᾽, ἀλλ᾽ ἄριστ᾽ ἔχει.
Wo haben Sie das Paar Stiefe=letten gekauft, das Sie anhaben?	πόθεν πριάμενος τὸ ζεῦγος ἐμβάδων τουτὶ φορεῖς;
Auf dem Markte.	ἐν ἀγορᾷ.
Für wieviel?	καὶ πόσου;
Für 16 Mark.	ἑκκαίδεκα μαρκῶν*.

39.

Ich muß auf den Markt gehen.	εἰς ἀγορὰν βαδιστέον μοι.
Weshalb?	τίνος ἕνεκα;
Sie geht auf den Markt, um Trau=ben zu holen.	χωρεῖ εἰς ἀγορὰν ἐπὶ βότρυς.
Ich will sie kaufen, wenn du mir das Geld giebst.	ὠνήσομαι, ἐὰν σύ μοι δῷς τἀργύριον.
Da hast du ein paar Groschen!	ἰδοὺ λαβὲ μικρὸν ἀργυρίδιον!
Was soll ich kaufen?	τί βούλει με πρίασθαι;
Wir wollen für dieses Geld Pfir=siche kaufen.	ὠνησόμεθα περσικὰ τούτου τοῦ ἀργυρίου.
Kaufe mir Aepfel.	ἀγόρασόν μοι μῆλα.
Aprikosen.	ἀρμενιακά (μῆλα).
Birnen.	ἄπια.
Erdbeeren.	χαμοκέρασα*.

Gemüse.	λάχανα.
Kastanien.	κάστανα.
Kirschen.	κεράσια.
Wallnüsse.	κάρυα.
Haselnüsse.	λεπτοκάρυα.
Pfirsiche.	περσικά (μῆλα).
Pflaumen.	κοκκύμηλα (Kuckucksäpfel).
Apfelsinen.	πορτοκάλια*. (Früchte aus Por-
Johannisbeeren.	φραγγοστάφυλα*. [tugal.)
Radieschen.	ῥαφανίδια.
Alles Mögliche.	πάντα.
Wieviel geben Sie für's Geld?	πίσον δίδως δῆτα τἀργυρίου;
Die Mandel für eine Mark.	πεντεκαίδεκα τῆς μάρκης*.
Was kostet jetzt die Butter?	πῶς ὁ βούτυρος (τὸ βούτυρον) το νῦν ὤνιος;
Sie ist wohlfeil.	εὐτελής ἐστιν.
Wir müssen sie theuer kaufen.	δεῖ τίμιον πρίασθαι αὐτόν.
Frische Butter, frisches Fleisch.	χλωρὸς βούτυρος, χλωρὸν κρέας
Ich habe noch nichts eingekauft.	οὐδὲν ἠμπόληκά πω.
Wir haben etwas eingekauft und wollen nun nach Hause gehen.	οἴκαδ' ἴμεν ἐμπολήσαντές τι.
Der Preis.	ἡ τιμή.

D. In Gesellschaft.

40.

Sie tanzt gut; nicht wahr?	καλῶς ὀρχεῖται· ἢ γάρ;
Allerdings.	μάλιστα.
Ich bin entzückt.	κεκήλημαι ἔγωγε.
Ich werde Polka mit ihr tanzen (Schottisch, Walzer, Française).	ὀρχήσομαι μετ' αὐτῆς τὸ Πολωνικόν (τὸ Καληδονικόν, τὸ Γερμανικόν, τὸ Γαλλικόν).
Erlauben Sie mir diesen Tanz, gnädige Frau? (— Fräulein?)	δός ὀρχεῖσθαι τοῦτο μετὰ σοῦ, ὦ γύναι! (— ὦ κόρη!)
Recht gern!	φθόνος οὐδείς.
Bitte, hören Sie auf, ich kann nicht mehr.	παῦε δῆτ' ὀρχούμενος, ἀπείρηκα γάρ.

Ich bin müde.	κέκμηκα.
Nur dies eine Mal erlauben Sie mir noch!	ἓν μὲν οὖν τουτί μ' ἔασον ὀρχήσασθαι.
Nun denn noch dies eine Mal und nicht weiter!	τοῦτό νυν καὶ μηκέτ' ἄλλο μηδέν.
Das ist eine Lust, mit Ihnen zu tanzen!	ὡς ἡδὺ μετὰ σοῦ ὀρχεῖσθαι!
Wer ist eigentlich der Herr dort, der hierher sieht? der an der Thür steht?	τίς ποθ' ὅδε ὁ δεῦρο βλέπων; ὁ ἐπὶ ταῖς θύραις;
Es ist mein Mann.	ἐστὶν οὑμὸς ἀνήρ.
Warum macht er ein so verdrießliches Gesicht?	τί σκυθρωπάζει;
Er ist sehr eifersüchtig.	σφόδρα ζηλότυπός ἐστιν.
Wir wollen gar nicht thun, als sähen wir ihn.	μὴ ὁρᾶν δοκῶμεν αὐτόν.
Ich werde mich hüten!	φυλάξομαι!
Den Männern ist ja nicht zu trauen!	οὐδὲν γὰρ πιστὸν τοῖς ἀνδράσιν.
Sie ist erst 3 Monate verheirathet.	νύμφη ἐστὶ τρεῖς μῆνας.
Der Tanzlehrer.	ὁ ὀρχηστοδιδάσκαλος.
In die Tanzstunde.	εἰς τὸ ὀρχηστοδιδασκαλεῖον.

41.

Hören Sie einmal zu, gnädige Frau, ich will Ihnen eine hübsche Geschichte erzählen.	ἄκουσον, ὦ γύναι, λόγον σοι βούλομαι λέξαι χαρίεντα.
Nur zu, erzählen Sie!	ἴθι δή, λέξον.
Ist das wahr?	τί λέγεις;
Sie wundern sich?	ἐθαύμασας;
Sie erzählen mir (erfundene) Geschichten!	μύθους μοι λέγεις!
Die Wahrheit wollen Sie doch nicht sagen!	τἀληθὲς γὰρ οὐκ ἐθέλεις φράσαι.
Wenn Sie wirklich die Wahrheit sprechen, so weiß ich nicht, was ich sagen soll.	εἴπερ ὄντως σὺ ταῦτ' ἀληθῆ λέγεις, οὐδὲν ἔχω εἰπεῖν.

Nach dem, was Sie sagen, muß man sie bewundern.	κατὰ τὸν λόγον, ὃν σὺ λέγεις, ἀξία ἐστὶ θαυμάσαι.
Reden Sie mit ihr von der Sache!	λέγ' αὐτῇ τὸ πρᾶγμα.
Sagen = angeben.	φράζειν.
Was hat sie darauf erwidert?	τί πρὸς ταῦτα εἶπεν;
Sie macht Ausflüchte.	προφασίζεται.
Ich will euch ein Märchen erzählen, nämlich —	μῦθον ὑμῖν βούλομαι λέξαι οντως.

42.

Ich weiß es nicht.	οὐκ οἶδα.
Ich kann es nicht sagen.	οὐκ ἔχω φράσαι.
Worauf soll man rathen?	ποῖ τις ἂν τράποιτο;
Ich will es schon herausbekommen.	γνάσομαι ἔγωγε.
Ich weiß es nicht genau.	οὐκ οἶδ' ἀκριβῶς.
Nein, soviel ich weiß.	οὐχ, ὅσον γέ μ' εἰδέναι.
Ich weiß nicht sicher, wie es steht.	οὐ σάφ' οἶδα, ὅπως ἔχει.
Ich kann es nicht glauben.	οὐ πείθομαι.
Ich weiß es ja.	οἶδά τοι.
Ist mir bekannt!	μεμνήμεθα!
Freilich weiß ich es!	οἶδα μέντοι!
Da Sie es denn zu wissen verlangen, so will ich es sagen.	εἰ δὴ ἐπιθυμεῖς εἰδέναι, φράσω.
Wär's möglich?	τί φής!
Ich habe es aus bester Quelle.	πέπυσμαι τοῦτο τῶν σάφ' εἰδότων.
Haben Sie bereits etwas von der Sache gehört?	ἆρ' ἀκήκοάς τι τοῦ πράγματος;
Das wußte ich (bisher noch) nicht.	τοῦτ' οὐκ ᾔδειν ἐγώ.
O, dann begreife ich, daß Sie verstimmt sind.	οὐκ ἐτὸς ἄρα λυπεῖ.

43.

Sehen Sie die hier an, wie schön sie ist!	ὅρα ταυτηνί, ὡς καλή!
Wer ist wohl dort die Dame?	τίς ποθ' αὑτηί;
Die in dem grauen Kleide?	ἡ τὸ φαιὸν ἔνδυμα ἀμπεχομένη;

Sie ist die schönste (= blühendste) von allen.	πασῶν ὡραιοτάτη ἐστίν.
Wer mag sie nur sein?	τίς καί ἐστί ποτε;
Kennt sie Jemand von Ihnen?	γιγνώσκει τις ὑμῶν;
Ja, ich.	νὴ Δία ἔγωγε.
Es ist meine Cousine.	ἐστὶν ἀνεψιά μου.
Wie schön sie aussieht!	οἷον τὸ κάλλος αὐτῆς φαίνεται!
Sie hat sehr gesunde Farbe.	ὡς εὐχροεῖ!
Sie hat ein sanftes, schönes Auge.	καὶ τὸ βλέμμα ἔχει μαλακὸν καὶ καλόν.
Und allerliebste Hände hat sie.	καὶ τὰς χεῖρας παγκάλας ἔχει.
Sie lacht gern.	καὶ ἡδέως γελᾷ.
Ich bin in das Mädchen (die Dame) verliebt.	ἔρως με εἴληφε τῆς κόρης ταύτης.
Aber sie hat wohl nichts?	ἀλλ' ἔχει οὐδέν;
O nein, sie ist reich; sie hat ein respectables Vermögen.	πλουτεῖ μὲν οὖν· οὐσίαν γὰρ ἔχει συχνήν.
Weißt du, wem sie ganz ähnlich sieht? Der A.	οἶσθ' ᾗ μάλιστ' ἔοικεν; τῇ Ἀ.
Dort ist ein schönes Mädchen! (Mädel!)	ἐνταῦθα μεῖραξ ὡραία ἐστίν.
Wer ist denn die hinter ihr?	τίς γάρ ἐσθ' ἡ ὄπισθεν αὐτῆς;
Wer die ist? Frau Schulze.	ἥτις ἐστίν; Σχουλζίου γυνή.
Die Andere interessirt mich weniger.	τῆς ἑτέρας μοι ἧττον μέλει.
Sie ist häßlich.	αἰσχρὰ γάρ ἐστιν.
Und hat eine stumpfe (kolbige) Nase.	καὶ σιμή (ἐστιν).
Sie ist geschminkt.	καὶ καταπεπλασμένη (ἐστίν).
Sie riecht nach Pomade.	ὄζει δὲ μύρου.
Riechst du etwas?	ὀσφραίνει τι;
Die Pomade riecht nicht gut.	οὐχ ἡδὺ τὸ μύρον τουτί.

44.

Schulze heißt er? Was ist das für ein Schulze?	Σχούλζιος αὐτῷ ὄνομα; ποῖος οὗτος ὁ Σχούλζιος;
Kennen Sie ihn nicht?	οὐκ οἶσθα αὐτόν;

Nein, ich bin fremd hier und erst eben angekommen.	οὐ μὰ Δία ἔγωγε, ξένος γάρ εἰμι ἀρτίως ἀφιγμένος.
Er spielt die erste Rolle in der Stadt.	πράττει τὰ μέγιστα ἐν τῇ πόλει.
Er hat einen großen Bart.	ἔχει δὲ πώγωνα.
Und graues Haar?	καὶ πολιός ἐστιν;
Wovon lebt er?	πόθεν διαζῇ;
Der Mann ist schnell reich geworden.	ταχέως ὁ ἀνὴρ γεγένηται πλούσιος.
Wodurch?	τί δρῶν;
Er hat ursprünglich ein Handwerk gelernt, dann wurde er Landwirth und jetzt ist er Kaufmann.	πρῶτον μὲν γὰρ τέχνην τιν' ἔμαθεν· εἶτα γεωργὸς ἐγένετο, νῦν δὲ ἔμπορός ἐστιν.
Er ist Fabrikant.	ἐργαστήριον ἔχει.
Arbeiter.	ἐργάτης.
(Amts= 2c.) Richter.	δικαστής.
Unterbeamter.	ὑπάλληλος.
Rechtsanwalt.	σύνδικος.
Apotheker.	φαρμακοπώλης.
Banquier.	τραπεζίτης.
Officier.	ἀξιωματικός.
Schüler.	μαθητής.
Student.	φοιτητής.
Lehrer.	διδάσκαλος.
Professor.	καθηγητής.
Er ist vom Lande.	ἐκ τῶν ἀγρῶν ἐστιν.
Er ist aus der Nachbarschaft.	ἐκ τῶν γειτόνων ἐστίν.
Mir ist er langweilig.	ἄχθομαι αὐτῷ συνὼν ἔγωγε.
Er ist nicht schlecht von Charakter.	οὐ πονηρός ἐστι τοὺς τρόπους.
(Seht nur) wie protzig er hereingekommen ist!	ὡς σοβαρὸς εἰσελήλυθεν!
Es scheint mir nicht guter Ton zu sein, sich so zu betragen.	οὐκ ἀστεῖόν μοι δοκεῖ εἶναι τοιοῦτον ἑαυτὸν παρέχειν.
Aber N. N. ist wirklich ein Gentleman.	ὁ δὲ N. N. νὴ Δία γεννάδας ἀνήρ!

45.

Er hat nur eine einzige Tochter.	θυγάτηρ αὐτῷ μόνη οὖσα τυγχάνει.
Wie alt ist sie?	πηλίκη ἐστίν;
Sie ist über ein Jahr älter als du.	πλεῖν ἢ 'νιαυτῷ σου πρεσβυτέρα ἐστίν.
Ueber 20 Jahre alt.	ὑπὲρ εἴκοσιν ἔτη γεγονυῖα.
Du bist ein junger Mann von 19 Jahren.	σὺ δὲ ἀνὴρ νέος εἶ ἐννεακαίδεκα ἐτῶν.
Du mußt mit denen unter zwanzig tanzen.	δεῖ οὖν ὀρχεῖσθαί σε μετὰ τῶν ἐντὸς εἴκοσιν.
Sie sitzt dort bei den älteren Damen.	ἐνταῦθα κάθηται παρὰ ταῖς πρεσβυτέραις γυναιξίν.
Wo? zeig' einmal!	ποῦ; δεῖξον!
Was hat sie für Toilette?	ποίαν τιν' ἔχει σκευήν;
Ihre Mutter ist seit 10 Jahren todt.	τέθνηκεν ἡ μήτηρ αὐτῆς ἔτη δέκα.
Ihr Vater ist ein Sechziger.	ἑξηκοντέτης ἐστὶν αὐτῆς ὁ πατήρ.
Die Familie.	ὁ οἶκος.

E. Liebesglück und Liebesweh.

46.

Wie denken Sie über das Mädel?	τί οὖν ἐρεῖς περὶ τῆς μείρακος;
Alles nichts gegen meine Anna!	λῆρός ἐστι τἆλλα πρὸς Ἄνναν.
Die Sehnsucht nach Anna quält mich.	ἵμερός με (od. πόθος με) διαλυμαίνεται Ἄννης.
Im Ernst?	ὦ τί λέγεις;
Du wunderst dich?	ἐθαύμασας;
Warum wunderst du dich?	τί ἐθαύμασας;
Wie schmerzlich für mich, daß sie nicht da ist!	ὡς ἄχθομαι αὐτῆς ἀπούσης!
Sei kein Thor!	μὴ ἄφρων γένῃ!
Die Zeit wird mir lang, weil ich das herrliche Mädchen nicht sehe.	πάνυ πολύς μοι δοκεῖ εἶναι χρόνος, ὅτι οὐχ ὁρῶ αὐτὴν τοιαύτην οὖσαν.

Sie ist nicht hier.	οὐκ ἐνθάδε ἐστίν.
Aber sie ist schon auf dem Wege.	ἀλλ' ἔρχεται.
Da kommt sie!	ἡδὶ προσέρχεται!
Jetzt sehe ich sie endlich.	νῦν γε ἤδη καθορῶ αὐτήν.
Sie ist schon ziemlich lange da.	ἥκει ἐπιεικῶς πάλαι.
Das ist unerhört!	ἄτοπον τουτὶ πρᾶγμα!
Was fällt dir ein?	τί πάσχεις;
Siehst du nicht? N. läuft ihr nach. Er begrüßt sie angelegentlich!	οὐχ ὁρᾶς; N. ἀκολουθεῖ κατόπιν αὐτῆς καὶ ἀσπάζεται!
Das interessirt mich wenig.	ὀλίγον μοι μέλει.
Sie reicht ihm die Hand!	ἡ δὲ δεξιοῦται αὐτόν.
Ach, ich Aermster!	οἴμοι κακοδαίμων!
Sie scheint dich nicht zu sehen.	οὐ δοκεῖ ὁρᾶν σε.
Sie hat ihm die Hand gegeben.	ἐνέβαλε τὴν δεξιάν!
Kümmere dich nicht weiter um sie!	ταύτην μὲν ἔα χαίρειν!
Ich gehe. Ich will meine Tante begrüßen.	ἀλλ' εἶμι· προσερῶ γὰρ τὴν τηθίδα.
Ich habe sie bereits begrüßt.	ἐγὼ δὲ προσείρηκα αὐτήν.
Das ist gar nicht schön von Ihnen, daß Sie mich nicht begrüßt haben.	καλῶς γε οὐ προσεῖπάς με! (ironisch.)

47.

Was gedenken Sie zu thun?	τί ποιεῖν διανοεῖ;
Was haben Sie vor?	τί μέλλεις δρᾶν;
Geben Sie mir einen guten Rath!	χρηστόν τι συμβούλευσον!
Was soll ich machen?	τί ποιήσω;
Ich fürchte, Sie werden es bereuen.	οἶμαί σοι τοῦτο μεταμελήσειν.
Sehen Sie sich vor, daß sie Ihnen nicht entgeht.	εὐλαβοῦ, μὴ ἐκφύγῃ σ' ἐκείνη.
Jetzt ist es an Ihnen, das Weitere zu thun.	σὸν ἔργον τἆλλα ποιεῖν.
Was soll ich also?	τί οὖν κελεύεις δρᾶν με;
Sie müssen mit ihr sprechen, sobald sich Gelegenheit bietet.	δεῖ διαλέγεσθαι αὐτῇ, ὅταν τύχῃς.
Gerade das will ich ja!	τοῦτ' αὐτὸ γὰρ καὶ βούλομαι.

Aber soweit ist die Sache noch nicht.	ἀλλ' οὐκ ἔστι πω ἐν τούτῳ τὰ πράγματα.
Die Sache hat einen Haken.	ἔνι κίνδυνος ἐν τῷ πράγματι.
Ein schwieriger Punkt!	χαλεπὸν τὸ πρᾶγμα!
Machen Sie sich keine Sorge!	μὴ φροντίσῃς.
Nur nicht ängstlich!	μὴ δέδιθι.
Haben Sie keine Angst, mein Bester!	μηδὲν δέδιθι, ὦ τάν.
Es wird Ihnen nichts passiren.	οὐδὲν (γὰρ) πείσει.
An mir soll es nicht liegen.	οὐ τοὐμὸν ἐμποδὼν ἔσται, ὦ τάν.
Das will ich schon besorgen.	μελήσει μοι τοῦτό γε.

48.

Beeilen Sie sich!	σπεῦδέ νυν! ἔπειγέ νυν!
So beeilen Sie sich doch!	οὔκουν ἐπείξει;
Zögern Sie nicht!	μὴ βράδυνε!
Machen Sie schnell!	ἄνυε!
So machen Sie doch schnell!	οὐκ ἀνύσεις;
Sie dürfen nicht zögern.	οὐ μέλλειν χρή σε.
Wir wollen uns nicht aufhalten.	μὴ διατρίβωμεν.
So halten Sie sich doch nicht auf!	οὐ μὴ διατρίψεις;
Jetzt gilt es!	νῦν ὁ καιρός!
Nun so versuchen Sie es doch wenigstens!	ἀλλ' οὖν πεπειράσθω γε.
Auf Ihre Verantwortung hin will ich's thun.	δράσω τοίνυν σοὶ πίσυνος.
Ich will es versuchen.	πειράσομαι.
Und wenn es den Kopf kostet!	κἂν δέῃ μ' ἀποθανεῖν!
Ich bin schon darüber.	ἀλλὰ δρῶ τοῦτο.
Endlich ist es so weit!	ἤδη 'στὶ τοῦτ' ἐκεῖνο!
Und wenn sie Nein sagt und nicht will?	κἂν μὴ φῇ μηδ' ἐθελήσῃ;
Wir werden gleich sehen.	εἰσόμεθ' αὐτίκα.
Ich will gleich einmal sehen.	ἐγὼ εἴσομαι.

49.

Ich verehre Sie.	ἐραστής εἰμι σός.
Ist das wahr?	τί λέγεις;
Warum sagen Sie das?	τί τοῦτο λέγεις;
Weil ich Sie liebe.	ὁτιὴ φιλῶ σε.
Wenn Sie mich wirklich von Herzen lieben, so sprechen Sie mit meiner Mutter.	εἴπερ ὄντως ἐκ τῆς καρδίας με φιλεῖς, πρόσειπε τὴν μητέρα μου.
Erlauben Sie mir einen Kuß!	δός μοι κύσαι. (δὸς κύσαι.)
Geben Sie mir einen Kuß! Bitte, bitte!	κύσον με, ἀντιβολῶ!
Einen Kuß!	φέρε, σε κύσω!
Ich weiß zwar gewiß, daß die Mutter darüber böse sein wird, aber Ihnen zu Gefallen will ich es thun.	οἶδα μὲν σαφῶς, ὅτι ἡ μήτηρ ἀχθέσεται, σοῦ δ' ἕνεκα τοῦτο δράσω.
Hören Sie auf!	παῦε! παῦε!
Wie glücklich bin ich!	ὡς ἥδομαι!
Ach, daß mich nur die Mutter nicht sieht!	οἴμοι, ἡ μήτηρ ὅπως μή μ' ὄψεται!
Wir sind ja allein (unter uns).	αὐτοὶ γάρ ἐσμεν.
Pst! Seien Sie still!	ἦ ἦ· σιῶπα.
Geben Sie mir die Hand!	δός μοι τὴν χεῖρα τὴν δεξιάν.
Ich schwöre Ihnen ewige Treue!	οὐδέποτέ σ' ἀπολείψειν φημί!

50.

Was geht da vor? — Was ist das?	τί τὸ πρᾶγμα; — τουτὶ τί ἐστιν;
Allmächtiger Gott!	ὦ Ζεῦ βασιλεῦ!
Verwünscht!	οἴμοι κακοδαίμων!
Wir sind verrathen!	προδεδόμεθα!
Hier ist der schändliche Mensch!	οὗτος ὁ πανοῦργος!
Sind Sie verrückt?	τί ποιεῖς;
Was fällt Ihnen ein?	τί πάσχεις;
O Sie Abscheulicher!	ὦ βδελυρὲ σύ!
Ereifern Sie sich nicht!	μὴ πρὸς ὀργήν!
Das ist eine Sünde und Schande!	ἀνόσια ἐπάθομεν!

Nein, über diese Unverschämtheit!	ἆρ' οὐχ ὕβρις ταῦτ' ἐστὶ πολλή;
Hören Sie auf!	παῦε!
Gehen Sie Ihrer Wege!	ἄπιθ' ἐκποδών!
Machen Sie, daß Sie hinauskommen!	οὐκ εἶ θύραζε;
Entfernen Sie sich doch!	οὐκ ἄπει δῆτα ἐκποδών;
Gehen Sie zum Teufel!	ἐς κόρακας!
Fort mit Ihnen!	ἄπερρε!
Der Teufel soll Sie holen!	ἀπολεῖ κάκιστα!
So gehen Sie doch zum Teufel!	οὐκ ἐς κόρακας;
Sie sind verrückt, Madame!	{ παραπαίεις, ὦ γύναι. ὦ γύναι, ὡς παραπαίεις!
Sie beleidigen mich!	οἴμοι, ἅς ὑβρίζεις!
Pfui!	αἰβοῖ!
Das soll Ihnen nicht so hingehen!	οὔτοι καταπροίξει (τοῦτο δρῶν)!
Das soll Ihnen schlecht bekommen!	οὐ χαιρήσεις.
Das will ich Ihnen anstreichen!	ἐγώ σε παύσω τοῦ θράσους.
Nun, so mäßigen Sie sich doch!	ἀλλ' ἀνάσχου!
Ist es nicht arg, daß Sie das thun?	οὐ δεινὸν δῆτά σε τοῦτο δρᾶσαι;
Das ist empörend!	οὐκ ἀνασχετὸν τοῦτο!
Verwünscht! was soll ich thun?	οἴμοι, τί δράσω;
Sehen Sie, was Sie gethan haben?	ὁρᾷς, ἃ δέδρακας;
Sie sind schuld daran!	σὺ τούτων αἴτιος!

51.

Was hängst du den Kopf?	τί κύπτεις;
Ich schäme mich.	αἰσχύνομαι.
Die Frau hat dich in der That sehr schlecht behandelt.	αἴσχιστά τοι σ' εἰργάσατο ἡ γυνή.
Sie ist sehr böse auf uns.	ὀργὴν ἡμῖν ἔχει πολλήν.
Das ist höchst ärgerlich für uns.	τοῦτ' ἔστ' ἄλγιστον ἡμῖν.
Ich ärgere mich immer wieder, daß ich das gethan habe.	πόλλ' ἄχθομαι, ὅτι ἔδρασα τοῦτο.
Das hatte ich nicht erwartet.	τουτὶ μὰ Δί' οὐδέποτ' ἤλπισα.
Knirsche nicht mit den Zähnen!	μὴ πρῖε τοὺς ὀδόντας!
Das läßt sich nicht ändern.	ταῦτα μὲν δὴ ταῦτα.
Sei nicht rachsüchtig!	μὴ μνησικακήσῃς.

Es ist am besten, wir bleiben ruhig.	ἡσυχίαν ἄγειν βέλτιστόν ἐστιν.
Das war ein Fehler von uns.	ἡμάρτομεν ταῦτα.
Sei nicht böse, mein Lieber!	μὴ ἀγανάκτει, ὦ 'γαθέ.
Aber ich kann unmöglich schweigen.	ἀλλ' οὐκ ἔσθ' ὅπως σιγήσομαι.
Daran bist du ganz allein schuld.	αἴτιος μέντοι σὺ τούτων εἶ μόνος.
Es war nicht richtig, daß du das thatest.	οὐκ ὀρθῶς τοῦτ' ἔδρασας!
Was geht das dich an?	τί δὲ σοὶ τοῦτο;
Was fiel dir denn ein, daß du das thatest?	τί δὴ μαθὼν τοῦτ' ἐποίησας;
O über die Thorheit!	τῆς μωρίας!
Wie unrecht du gehandelt hast!	ὡς οὐκ ὀρθῶς τοῦτ' ἔδρασας!
Das war Unrecht von dir.	τοῦτ' οὐκ ὀρθῶς ἐποίησας.
Das ist es, was du mir zum Vorwurf machst?	ταῦτ' ἐπικαλεῖς;
Aber es ging nicht anders.	ἀλλ' οὐκ ἦν παρὰ ταῦτ' ἄλλα.
Gieb mir keine guten Lehren, sondern —	μὴ νουθέτει με, ἀλλὰ —
Ueber dich kann man sich krank ärgern.	ἀπολεῖς με!
Aber soviel sage ich dir:	ἓν δέ σοι λέγω·
Mir thut das Fräulein leid.	περὶ τῆς κόρης ἀνιῶμαι.

52.

Wie komisch sich das ausnahm!	ὡς καταγέλαστον ἐφάνη τὸ πρᾶγμα!
Das ist ein Hauptwitz!	τοῦτο πάνυ γελοῖον!
Das geht auf mich!	πρὸς ἐμὲ ταῦτ' ἐστίν.
Er macht schlechte Witze.	σκώπτει.
Mach' keine schlechten Witze!	μὴ σκῶπτε!
Mach' keine schlechten Witze über mich!	μὴ σκῶπτέ με!
Du machst doch nicht etwa deswegen schlechte Witze über mich?	μῶν με σκώπτεις ὁρῶν τοῦτο;
Laß dich doch nicht auslachen!	καταγέλαστος εἶ.
Wir lachen nicht über dich.	οὐ σοῦ καταγελῶμεν.
Nun, worüber denn?	ἀλλὰ τοῦ;
Worüber lachst du?	ἐπὶ τῷ γελᾷς;

Hör' auf! — Schweig'!	παῖε! — σιώπα!
Sei so gut und rede nicht mehr mit mir!	βούλει μὴ προσαγορεύειν ἐμέ;

53.

Vielleicht kann es noch gut werden!	ἴσως ἂν εὖ γένοιτο.
So Gott will.	σὺν θεῷ δ' εἰρήσεται. ἢν θεοὶ θέλωσιν.
Wer bürgt dir dafür?	καὶ τίς ἐγγυητής ἐστι τούτου;
Wenn es uns gelingt, so will ich Gott innig danken.	ἢν κατορθώσωμεν, ἐπαινέσομαι τὸν θεὸν πάνυ σφόδρα.
Wie es sich gehört.	ὥσπερ εἰκός ἐστιν.
In Gottes Namen!	τυχαγαθῇ!
Wenn es uns aber mißlingt?	ἢν δὲ σφαλῶμεν;
Hurrah! (Freudenruf.)	ἀλαλαί!
Was du für Glück hast!	ὡς εὐτυχὴς εἶ!
Er hat großes Glück.	εὐτυχέστατα πέπραγεν.
Inwiefern?	τίνι τρόπῳ;
Er hat ein ganz junges Mädchen geheirathet.	παῖδα κόρην γεγάμηκεν.
Er ist ein reicher Mann geworden.	πλούσιος γεγένηται.
Er kann das Leben genießen.	ἔχει τῆς ἥβης ἀπολαῦσαι.
Wenn's weiter nichts ist!	εἶτα τί τοῦτο;
Seine Freunde vermissen ihn schmerzlich.	ποθεινός ἐστι τοῖς φίλοις.
Er ist ein Freund von mir.	ἐστὶ τῶν φίλων.

F. Im Hause.

54.

Werden Sie mir wohl sagen können, wo hier Herr M. wohnt?	ἔχοις ἂν φράσαι μοι (τὸν κύριον*) Μύλλερον, ὅπου ἐνθάδε οἰκεῖ;
Ich möchte gern erfahren, wo Müller wohnt.	ἡδέως ἂν μάθοιμι, ποῦ Μύλλερος οἰκεῖ.
Das möchte ich gern wissen.	τοῦτ' με δίδαξον!
In der Leipziger Straße.	ἐν τῇ Λειψιανῇ* ὁδῷ.

Er zieht aus.	μετοικίζεται.
Er ist ausgezogen.	φροῦδός ἐστιν ἐξῳκισμένος.
Er wohnt in der Nähe.	ἐγγὺς οἰκεῖ.
Da sieht er zum Fenster heraus!	ὁδὶ ἐκ θυρίδος παρακύπτει.
Das ist er.	οὗτός ἐστ' ἐκεῖνος.
Wer klopft?	τίς ἐσθ' ὁ τὴν θύραν κόπτων;
Mach' die Thür auf!	ἄνοιγε τὴν θύραν!
Mach' doch auf!	οὐκ ἀνοίξεις;
Mach' endlich die Thür auf!	ἄνοιγ' ἀνύσας τὴν θύραν.
Wer ist da?	τίς οὗτος;
Melden Sie mich!	εἰςάγγειλον.
Ich weiß Ihren Namen nicht genau.	οὐκ οἶδ' ἀκριβῶς σου τοὔνομα.
Ist Müller zu Hause?	ἔνδον ἐστὶ Μύλλερος;
Nein, er ist nicht zu Hause.	οὐκ ἔνδον ἐστίν.
Augenblicklich ist er nicht zu Hause.	οὐκ ἔνδον ὢν τυγχάνει.
Er ist spazieren.	περίπατον ποιεῖται.
So?	ἄληθες;
Er steht an der Thür.	ἐπὶ ταῖς θύραις ἕστηκεν.
Er ist im Begriff auszugehen.	μέλλει θύραζε βαδίζειν.

55.

Er ist im Schlafzimmer.	ἐστὶν ἐν τῷ δωματίῳ.
Das Bett.	τὰ στρώματα.
Im Bette.	ἐν τοῖς στρώμασιν.
Er schläft eben.	ἀρτίως εὕδει.
Du, wach' auf!	οὗτος, ἐγείρου!
Steh' auf!	ἀνίστασο!
Zünde Licht an!	ἅπτε λύχνον!
Sehr wohl.	ταῦτα.
Hast du dich gewaschen?	ἆρ' ἀπονένιψαι;
Kannst du ohne Handtuch zurechtkommen?	ἀνύτεις χειρόμακτρον οὐκ ἔχων;
Du siehst schrecklich schmutzig aus.	αὐχμεῖς αἰσχρῶς.
Er hat sich nicht gebadet.	οὐκ ἐλούσατο.
Wisch' den Tisch ab!	ἀποκάθαιρε τὴν τράπεζαν!
Ich will zu Hause bleiben.	οἴκοι μενῶ.

Wir wollen zu Hause bei mir studiren.	ἔνδον παρ' ἐμοὶ διατρίψομεν (περὶ τὰ μαθήματα).
Bei dir?	παρὰ σοί;
Ganz recht.	πάνυ.
Du warst gestern bei mir.	παρ' ἐμοὶ χθὲς ἦσθα.
Kommt heute in meine Wohnung!	ἥκετ' εἰς ἐμοῦ τήμερον!

56.

Leg' ab!	ἀποδύου!
Ich ziehe mich schon aus.	καὶ δὴ ἐκδύομαι.
Wohin wollen wir uns setzen?	ποῦ καθιζησόμεθα;
Nehmt Platz!	κάθησθε!
Setzen Sie sich! } Setz' dich nieder! }	κάθιζε!
Wenn du erlaubst!	εἰ ταῦτα δοκεῖ!
So, ich sitze.	ἰδού· κάθημαι.
Ich sitze schon!	κάθημαι 'γὼ πάλαι.
Du hast keinen guten Platz.	οὐ καθίζεις ἐν καλῷ.
Hast du nichts zu essen?	οὐκ ἔχεις καταφαγεῖν;
Darf ich dir ein Abendbrot vorsetzen?	βούλει παραθῶ σοι δόρπον;
Ich bitte nur um ein Stück Brot und Fleisch.	αἰτῶ λαβεῖν τιν' ἄρτον καὶ κρέας.
Ich habe mir zu trinken mitgebracht.	ἥκω φέρων πιεῖν.
Gieb mir einmal zu trinken!	δός μοι πιεῖν.
Gleich.	ἰδού.
Es ist unrecht, daß du hier sitzest.	ἀδικεῖς ἐνθάδε καθήμενος.
Steh' wieder auf!	ἀνίστασο!
So steh' doch schnell auf, ehe dich jemand sieht!	οὔκουν ἀναστήσει ταχύ, πρὶν τινά σ' ἰδεῖν;
Steh' gerade!	ἀνίστασο ὀρθός.
Bleib' stehen!	στῆθι.
Zu Befehl, Herr Hauptmann!	ταῦτα, ὦ λοχαγέ!

57.

Sie hat einen kleinen Jungen bekommen.	ἄρρεν ἔτεκε παιδίον.
Er hat viele kleine Kinder zu ernähren.	βόσκει μικρὰ πολλὰ παιδία.
Wo sind die Kinder?	ποῦ τὰ παιδία;
Wo ist meine Frau hin?	ποῖ ἡ γυνὴ φρούδη 'στίν;
Wer kann mir sagen, wo meine Frau ist?	τίς ἂν φράσειε, ποῦ 'στι ἡ γυνή;
Ich kann es nicht sagen.	οὐκ ἔχω φράσαι.
Sie wäscht und päppelt das Kind.	λούει καὶ ψωμίζει τὸ παιδίον.
Die Kinder sind gewaschen.	ἀπονενιμμένα ἐστὶ τὰ παιδία.
Sie bringt die Kinder zu Bette.	κατακλίνει τὰ παιδία.
Es ist höchste Zeit.	καιρὸς δέ.
Ihr habt lange genug gespielt.	ἱκανὸν χρόνον ἐπαίζετε.
Sie würfeln. — Um was?	κυβεύουσιν. — περὶ τοῦ;
Sei artig!	κοσμίως ἔχε!
Thu' das ja nicht!	μηδαμῶς τοῦτ' ἐργάσῃ!
Da, schau' einmal!	ἰδού· θέασαι!
Der Onkel hat hübsche Geschenke mitgebracht.	ὁ θεῖος ἥκει φέρων δῶρα χαρίεντα.
Lieschen klatscht vor Freude in die Hände.	Λουίσιον* τὼ χεῖρ' ἀνακροτεῖ ὑφ' ἡδονῆς.
Meine Frau ist nicht zu sehen.	ἡ δὲ γυνὴ οὐ φαίνεται.
Suchst du mich etwa?	μῶν ἐμὲ ζητεῖς;
Komm her, mein goldiger Schatz!	δεῦρό νυν, ὦ χρυσίον.

58.

Das ist Unrecht von dir.	ταῦτ' οὐκ ὀρθῶς ποιεῖς.
Das ist Unrecht, daß du mir das thust.	ἀδικεῖς γέ με τοῦτο ποιῶν.
Wenn du mich ärgern willst, so soll dir's schlecht gehen!	ἤν τι λυπῇς με, οὐ χαιρήσεις!
Gieb mir's wieder!	ἀλλ' ἀπόδος αὐτό!
Oder du sollst sehen (= ich ergreife andere Maßregeln)!	ἢ τἀπὶ τούτοις δρῶ.

Soll ich dir eine Ohrfeige geben?	τὴν γνάθον βούλει θένω;
Das sollst du nicht umsonst gesagt haben!	οὐ μὰ Δία σὺ καταπροίξει τοῦτο λέγων!
Was hast du vor?	τί μέλλεις δρᾶν;
Du sollst gehörige Prügel bekommen.	κλαύσει μακρά.
(Daß du berstest!) Hol' dich der Kuckuck!	διαρραγείης!
Da hast du eine Backpfeife!	οὑτοσί σοι κόνδυλος!
Zum Donnerwetter!	ἐς κόρακας!
Immer hau' ihn!	παῖε παῖε!
Wart', ich will dir's weisen!	οἰμώξει μακρά!
Kommt mir nicht zu nahe!	μὴ πρόσιτε!
Hurrah!	ἀλαλαί!
Jetzt haben wir ihn!	νῦν ἔχεται μέσος!
Wollt ihr weg!	οὐχὶ σοῦσθε;
Mir sollt ihr nicht wieder kommen!	οὐδὲν ἄν με φλαῦρον ἔτι ἐργάσαισθε.

59.

Was ist das für ein Lärm da drin?	τίς οὗτος ὁ ἔνδον θόρυβος;
Schreit nicht so!	μὴ βοᾶτε! — μὴ βοᾶτε μηδαμῶς! — μὴ κεκράγατε!
So hört doch endlich!	οὐκ ἀκούσεσθε ἐτεόν;
Was giebt's?	τί ἔστιν;
Was ist los? Um was handelt es sich?	τί τὸ πρᾶγμα;
Wer schreit nach mir?	τίς ὁ βοῶν με;
Soll ich's sagen?	εἴπω;
Erzähle es mir!	κάτειπέ μοι.
Karl hat uns geprügelt.	Κάρολος πληγὰς ἡμῖν ἐνέβαλλεν.
Ist's möglich?	τί φής!
Und was war die Ursache davon?	ἡ δ' αἰτία τίς ἦν;
Warum?	τιή;
So hitzig?	ὡς ὀξύθυμος!
Das ist immer so deine Art!	οὗτος ὁ τρόπος πανταχοῦ!

Ich bin nicht schuld daran.	οὐκ ἐγὼ τούτων αἴτιος.
Ja, mit mir hat er es ebenso gemacht.	νὴ Δία, κἀμὲ τοῦτ' ἔδρασε ταὐτόν.
Du willst es in Abrede stellen?	ἀρνεῖ;
Nicht gemuckst!	μὴ γρύξῃς!
Daß du mir keine Lügen sagst!	ὅπως ἐρεῖς μηδὲν ψεῦδος!
Du verdienst Schläge.	ἄξιος εἶ πληγὰς λαβεῖν.
Du, halt' einmal! Wo rennst du hin?	ἐπίσχες, οὗτος! ποῖ θεῖς;
Sei nicht böse, lieber Vater!	μηδὲν ἀγανάκτει, ὦ πάτερ!
Man muß sich todtärgern!	οἴμοι, διαρραγήσομαι.

G. Aus dem politischen Leben.

60.

Eugen ist da?	ὁ Εὐγενὴς ἐπιδεδήμηκεν;
Schon seit vorgestern.	τρίτην ἤδη ἡμέραν.
Er wird doch wohl eine Rede halten?	οὐκοῦν δημηγορήσει;
Versteht sich! Heute Abend.	εὖ ἴσθ' ὅτι εἰς ἑσπέραν.
Worüber? Ueber alles Mögliche.	περὶ τοῦ; περὶ ἁπάντων πραγμάτων.
Ich will Sie mit in die Versammlung nehmen.	ἄξω σε μετ' ἐμαυτοῦ εἰς τὸν σύλλογον.
Ich danke, ich weiß den Weg.	καλῶς· ἀλλ' οἶδα τὴν ὁδόν.
Nun, so machen Sie denn, daß Sie auch hinkommen und bringen Sie noch ein paar Andere mit!	ἀλλ' ὅπως παρέσει καὶ αὐτὸς καὶ ἄλλους ἄξεις!
Die Fortschrittler.	οἱ καινοτομοῦντες.
Die Conservativen.	οἱ συντηρητικοί.*
Die Rothen.	οἱ δημοκρατικοί.
Das Parlament.	ἡ βουλή.
Die Commission.	οἱ ἐπίτροποι.
Der Abgeordnete.	ὁ βουλευτής.
Der Wahlkandidat.	ὁ ὑπόψηφος.
Die Majorität.	οἱ πλείονες.

Die Minorität.	οἱ μείονες.
Der Präsident.	ὁ πρόεδρος.
Wer hat die meisten (wenigsten) Stimmen?	τίνι πλεῖσται (ἐλάχισται) γεγόνασιν;
Abgeordneter ist, wer die meisten Stimmen bekommen hat.	βουλευτής ἐστιν, ᾧ ἂν πλεῖσται γένωνται.
Ist A. gewählt?	πότερον Ἀ. ᾑρέθη;
Leider nicht!	εἰ γὰρ ὤφελε!

61.

Wir brauchen keine neuen Steuern!	οὐ δεόμεθα καινῶν δασμῶν!
Wir brauchen keine neuen Steuern!	καινῶν δασμῶν οὐ δεόμεθα!
Das wird uns ruiniren!	τοῦθ' ἡμᾶς ἐπιτρίψει!
Ich denke, es giebt einen Mittelweg.	ἀλλ' εἶναί τίς μοι δοκεῖ μέση τούτων ὁδίς.
Jetzt ist Schonung der Steuerkraft nöthig!	νῦν ἔργον εὐτελείας!
Die Kolonialpolitik bringt keinen Nutzen.	τί πλέον ἐστὶν ἔξω ἐποικεῖν;
Das gefällt mir nicht!	τοῦτό μ' οὐκ ἀρέσκει!
Dahinter steckt etwas!	ἔστιν ἐνταῦθά τι κακόν!
Was hat man davon?	τί κέρδος;
Was werden wir davon haben?	τί κερδανοῦμεν;
Was kann das nützen?	πῶς ξυνοίσει ταῦτα;
Ich weiß schon, wo man hinauswill!	οἶδα τὸν νοῦν!
Fort mit Bismarck!	Βίσμαρχ ἐρρέτω!
Bravo! Bravo!	εὖγε! εὖγε!
Wie gut ist es, einen so vortrefflichen Abgeordneten zu haben!	ὡς ἀγαθὸν τοιοῦτον ἔχειν βουλευτήν!
Unsinn!	οὐδὲν λέγεις!
Wir hängen diese Tiraden zum Halse heraus!	πάνυ μοι ἤδη ταῦτ' ἐστὶ χολή.
Still!	σῖγα!

62.

Wer wünscht das Wort?	τίς ἀγορεύειν βούλεται;
Ich.	ἐγώ.
Ist noch Jemand, der zu sprechen wünscht?	ἔσθ' ὅστις ἕτερος βούλεται λέγειν;
Es wird wohl Niemand dagegen stimmen.	οὐδεὶς ἀντιχειροτονήσειεν ἄν.
Ich stimme dagegen.	ἐγὼ τἀναντία ψηφίζομαι.
So ist's recht.	καλῶς γε ποιῶν.
Thu', was du denkst!	ποίει, ὅτι ἄν σοι δοκῇ.
Was ist heute berathen worden?	τί βεβούλευται τήμερον;
Was hat man denn beschlossen?	τί δῆτ' ἔδοξεν;
Noch nichts; es war Stimmengleichheit.	οὐδέν πω· ἴσαι γὰρ ἐγένοντο.
Eine so unsinnige Versammlung habe ich noch nicht erlebt.	τοιοῦτον σύλλογον οὔπω ὄπωπα.

H. Beim Skatspiel.

63.

Wollen wir nicht ein Spielchen machen?	βούλεσθε παιδιὰν παίζωμεν;
Meinetwegen.	οὐδὲν κωλύει.
Was wollen wir spielen?	παιδιὰν τίνα;
Einen Skat wollen wir machen.	(σκατιούμεθα).
Wer giebt?	τίς ὁ διαδώσων;
Ich frage.	ἐμὸν τὸ ἐρωτᾶν.
Eichel, Grün, Roth, Schellen.	τὰ βαλάνια, τὰ φυλλεῖα, τὰ ἐρυθρά, τὰ κρόταλα.
Eichel sticht.	κρατεῖ τὰ βαλάνια.
Geben Sie Grün zu!	ἀπόδος φυλλεῖα!
Ich?	ἐγώ;
Freilich (Sie)!	σὺ μέντοι!
Was habe ich davon?	τί κερδανῶ;
Was ich für ein Pech habe!	ὡς δυστυχὴς εἰμι!

Nur nicht ängstlich!	μὴ δέδιθι!
Sehen Sie sich vor, daß Ihnen der rothe Wenzel nicht entgeht!	εὐλαβοῦ, μὴ ἐκφύγῃ σε τῶν ἐρυθρῶν ὁ κράτιστος!
Jetzt ist's an Ihnen, zu sehen, wie wir gewinnen!	σὸν ἔργον φροντίζειν, ὅπως κρατήσομεν.
Jetzt gilt es!	νῦν ὁ καιρός!
Jetzt haben wir ihn!	νῦν ἔχεται μέσος!
Hau' ihm, Lucas!	παῖε, παῖε τὸν πανοῦργον!
Das soll Ihnen schlecht bekommen, daß Sie das rothe Daus gestochen haben!	οὔ τοι μὰ Δία χαιρήσεις, ὁτιὴ τοῦτ' ἔδρασας.
Verwünscht! Das ist zum Haarausraufen!	οἴμοι, διαρραγήσομαι!
Ich weiß schon, wie Sie es machen.	τοὺς τρόπους σου ἐπίσταμαι.
Feine Nase!	εὖ γε ξυνέβαλες!
Du wunderst dich?	ἐθαύμασας;
Darin bin ich Meister.	ταύτῃ κράτιστός εἰμι.
Sie spielen falsch!	ἀδικεῖς!
Du hast die Mogelei nicht bemerkt.	τὸ πραττόμενόν σε λέληθεν.
Ist das wahr?	τί λέγεις;
Entschuldigen Sie!	σύγγνωθί μοι!
Kellner, zünden Sie Licht an!	ἅπτε, παῖ, λύχνον!
Was fällt Ihnen denn ein, daß Sie die Zehn ausspielen?	τί δὴ μαθὼν τοῦτο ποιεῖς;
Die Noth zwingt mich dazu.	ἡ ἀνάγκη με πιέζει.
Verwünscht! was soll ich thun?	οἴ μοι, τί δράσω;
Geben Sie mir einen guten Rath!	χρηστόν τι συμβούλευσον.
Er will's gewinnen.	ἐθέλει οὗτος κρατῆσαι.
Geben Sie sich keine vergebliche Mühe!	λίθον ἕψεις!
Hilf Himmel!	Ἄπολλον ἀποτρόπαιε!
O weh! Jetzt geht's uns (zweien) schlecht!	ἒ ἔ, παρὰ νῷν στενάζειν!
Gerade das will ich ja!	τοῦτ' αὐτὸ γὰρ καὶ βούλομαι!
Zähle einmal!	λόγισαι!
Wir haben verspielt!	ἀπολώλαμεν ἡμεῖς.

Bitte, bezahlen Sie!	ἀπότισον δῆτα!
Mein Geld ist futsch!	φροῦδα τὰ χρήματα!
Es steht schlecht mit mir.	φαῦλόν ἐστι τὸ ἐμὸν πρᾶγμα.
Wir machen miserable Geschäfte.	ἀθλίως πεπράγαμεν.

64.

(Ein Grand.)	(τὸ παμμέγιστον.)
A. Wer giebt denn?	τίς ὁ διαδώσων;
B. Du selbst.	αὐτὸς σύ.
C. Immer, wer fragt.	ὁ ἀεὶ ἐρωτήσας.
B. Nun gieb mir aber einmal anständige Karten; ich habe den ganzen Abend noch kein Spiel gehabt!	δός τι δῆτ' ἐμοί· οὐδὲν γὰρ πώποτ' ἔλαβον ἔγωγε τῇδε τῇ ἑσπέρᾳ!
C. Ich frage. Grün Solo!	ἐμὸν τὸ ἐρωτᾶν. τὰ φυλλεῖα αὐτὰ καθ' αὑτά!
B. Das halt' ich!	ἔχω ἔγωγε!
C. Null?	τὸ μηδέν;
B. Auch das.	καὶ τοῦτό γε.
C. Passe.	παραχωρῶ ἔγωγε.
A. Ich auch.	κἀγώ.
B. Grand.	τὸ παμμέγιστον.
B. Ich spiele selbst aus. Hier! Wenzel 'raus!	ἐμὸν τὸ ἐξάρχειν. ἰδού. ἀπόδοτε δὴ τοὺς κρατίστους!
C. Ja, den kann ich nicht!	οὐ δυνατὸς ἐγὼ μὰ Δία ὑπὲρ τοῦτον.
A. Nanu?!	τί φῄς;
B. Hurrah! Der Alte liegt im Skat! Hier!	βαβαιάξ! ἀπόκειται ὁ παγκράτιστος! ἰδού!
C. Himmeldonnerwetter!	ἐς κόρακας!
A. Kreuzmillionen...!	Ἄπολλον ἀποτρόπαιε!
C. Ih, da soll doch der Deiwel 'reinfahren!	οἴμοι κακοδαίμων!
A. Heiliges Gewitter! Hast du denn gar nichts?	ὦ Ζεῦ βασιλεῦ! οὐκ ἄρ' ἔχεις οὐδέν;

C. Dieser ist unser! 'rin, was Beine hat!	ἀλλὰ τοῦτό γε γίγνεται ἡμῖν. νῦν ὁ καιρὸς ἐπιδοῦναι!
B. Halt! Gesprochen wird nicht beim Spiel!	μὴ δῆτα — οὐ γὰρ ἔστι λαλεῖν τῷ παίζοντι!
C. So, das ist auch unser! Gottlob! Aus dem Schneider wären wir!	ἰδοὺ καὶ τοῦτο ἡμῖν! τὸ μέσον καλῶς τετμήκαμεν!
A. Oh, wir kriegen noch viel mehr!	ἕξομεν ἔτι πολλῷ πλέον, ὦ τάν.
B. Keinen Stich! Der Rest ist mein!	οὐκ ἀλλ' οὐδὲ ἕν. ἐμὰ γὰρ τὰ λοιπά!
A. u. C. Oho! — Wahrhaftig!	οὐδὲν λέγεις! — μὰ τὸν Δί' οὐ τοίνυν!
A. Ja, wie konntest du aber auch die Farbe spielen? Wir mußten ja dicke gewinnen!	πῶς ἄρ' οὖν ἐπὶ ταῦτα ἦλθες; ἐμέλλομεν γάρ τοι σφοδρῶς ὑπερέχειν!
Ich sitze hier mit der ganzen Grün.	ἐγὼ δὲ κάθημαι οὕτω πάντα τὰ φυλλεῖα ἔχων.
C. So? Warum stichst du denn nicht? Ich habe ganz richtig ausgespielt. — Du bist schuld!	ἀληθες; τί δὴ παθὼν οὐχ ὑπερέβαλες σύ; εὖ γὰρ ἐποίησα ἔγωγε. — σὺ δὲ τούτου αἴτιος!
B. Das war Grand mit Vieren! Sechzig. Wer giebt?	παμμέγιστον τοῦτ' ἦν μετὰ τεσσάρων! ἑξήκοντα. τίς ὁ διαδώσων;

I. Sprichwörtliches aus der Umgangssprache.

Mensch, ärgere dich nicht!	μὴ σεαυτὸν ἔσθιε, ὦ 'γαθέ!
Eines Mannes Rede ist keine Rede.	πρὶν ἂν ἀμφοῖν μῦθον ἀκούσῃς, οὐκ ἂν δικάσαις.
Das hieße Eulen nach Athen tragen.	τίς γλαῦκ' Ἀθήναζε ἤγαγεν;
Vorsicht ist die Mutter der Weisheit.	ἡ (γὰρ) εὐλάβεια πάντα σώζει.
Eine Schwalbe macht noch keinen Sommer.	μία χελιδὼν ἔαρ οὐ ποιεῖ.
Menge dich nicht in meine Sachen!	μὴ τὸν ἐμὸν οἴκει οἶκον!
Der reine Menschenfeind (Timon)!	Τίμων καθαρός!
Immer das alte Lied!	ὁ Διὸς Κόρινθος!

Hic Rhodus, hic salta!	ἰδοὺ ἡ Ῥόδος, ἰδοὺ καὶ τὸ πήδημα!
Ein trauriger Peter (Japper)!	Μυσῶν ἔσχατος!
Das Gute ist rar.	ὀλίγον τὸ χρηστόν ἐστιν.
Es ist kein Vorwärtskommen (für uns).	οὔτε θέομεν οὔτ' ἐλαύνομεν.
Geld regiert die Welt.	ἅπαντα (γὰρ) τῷ πλουτεῖν ὑπήκοα.
Donec eris felix, multos numerabis amicos.	ζεῖ χύτρα, ζῇ φιλία.
Durch Schaden wird man klug!	„παθὼν δέ τε νήπιος ἔγνω."
Tempi passati!	πάλαι ποτ' ἦσαν ἄλκιμοι Μιλήσιοι.
Ubi bene, ibi patria!	πατρὶς γάρ ἐστι πᾶσ', ἵν' ἂν πράττῃ τις εὖ.
Er ist der beste Bruder auch nicht!	ἐστὶ τοῦ πονηροῦ κόμματος.
Parturiunt montes etc.	ὤδινεν ὄρος, εἶτα μῦν ἀπέτεκεν.
Du giebst dir vergebliche Mühe.	λίθον ἕψεις.
Das Uebel ärger machen.	πλέον θάτερον ποιεῖν.
Eile mit Weile.	σπεῦδε βραδέως! (Wahlspruch des Kaisers Augustus.)
Laß dir genügen!	πλέον ἥμισυ παντός!

Altgriechische (auch neue* gutgebildete) Bezeichnungen für moderne Begriffe aus dem Neugriechischen.

Der Reichstag.	ἡ βουλή.
Der Abgeordnete.	ὁ βουλευτής.
Das Heer.	ὁ στρατός.
Der Bürgermeister.	ὁ δήμαρχος.
Das Bureau.	τὸ γραφεῖον.
Die orientalische Frage.	τὸ ζήτημα τὸ ἀνατολικόν.
Das Gericht.	τὸ δικαστήριον.
Die Partei.	τὸ κόμμα.
conservativ.	συντηρητικός.
liberal.	φιλελεύθερος.
Der (Wahl-) Candidat.	ὁ ὑποψήφος.

Der Minister. ὁ ὑπουργός.
Das Ministerium des Auswärtigen. τὸ ὑπουργεῖον* τῶν ἐξωτερικῶν.
    des Innern. τῶν ἐσωτερικῶν.
    der Finanzen. τῶν οἰκονομικῶν.
    der Justiz. τῆς δικαιοσύνης.
    des Krieges. τῶν στρατιωτικῶν.
    des Kultus. τῶν ἐκκλησιαστικῶν.
    des öffentlichen Unterrichts. τῆς δημοσίας ἐκπαιδεύσεως.
Der Landrath, Amtshauptmann. ὁ ἔπαρχος.
Der Präsident. ὁ πρόεδρος.
Die Regierung. ἡ κυβέρνησις.
Die Regierungspartei. τὸ κυβερνητικὸν κόμμα.
Die Zeitung. ἡ ἐφημερίς.
Die Times. οἱ Καιροί.

            *   *   *

Das Dampfschiff. τὸ ἀτμόπλοιον.*
Das Segelschiff. τὸ ἱστιοφόρον.
Der Bahnhof. ὁ σταθμός.
Der Bahnzug. ἡ ἁμαξοστοιχία.*
Die Eisenbahn. ὁ σιδηρόδρομος.*
Der Gasthof, das Hotel. τὸ ξενοδοχεῖον.
Der Omnibus. τὸ λεωφορεῖον.*
Der Fahrplan. τὸ δρομολόγιον.*

            *   *

Der Apotheker. ὁ φαρμακοπώλης.
Der Arbeiter. ὁ ἐργάτης.
Der Streik. ἡ ἀπεργία.*
Der Barbier. ὁ κουρεύς.
Der Baumeister. ὁ ἀρχιτέκτων.
Der Briefträger. ὁ γραμματοφόρος.
Der Buchbinder. ὁ βιβλιοδέτης.*
Der Buchdrucker. ὁ τυπογράφος.*
Der Buchhändler. ὁ βιβλιοπώλης.
Der Droschkenkutscher. ὁ ἁμαξηλάτης.*
Der Handwerker. ὁ τεχνίτης.

Der Ingenieur. ὁ μηχανικός.
Der Journalist. ὁ ἐφημεριδογράφος.*
Der Handelsmann. ὁ παντοπώλης.
Der Lehrer. ὁ διδάσκαλος.
Der Offizier. ὁ ἀξιωματικός.
Der Photograph. ὁ φωτογράφος.*
Der Professor. ὁ καθηγητής.
Der Redacteur. ὁ συντάκτης.*
Der Gerichtsrath. ὁ δικαστής.
Der Schriftsetzer. ὁ τυποθέτης.*
Der Wichsier. ὁ καθαριστής.
Der Student. ὁ φοιτητής.
Der Tabakshändler.. ὁ καπνοπώλης.*
Der Uhrmacher. ὁ ὡρολογοποιός.*

*   *   *

Die Apotheke. τὸ φαρμακοπωλεῖον.
Das Café. τὸ καφενεῖον.*
Die Droschke. ἡ ἅμαξα.
Der Kirchhof. τὸ κοιμητήριον.
Der Klub. ἡ λέσχη.
Das Lesezimmer. τὸ ἀναγνωστήριον.
Das Concert. ἡ συμφωνία.
Das Schloß. τὰ ἀνάκτορα.
Das Herrenhaus. ἡ ἔπαυλις.
Das Trottoir. τὸ πεζοδρόμιον.*
Die Post. τὸ ταχυδρομεῖον.*
Die Freimarke. τὸ γραμματόσημον.*
Die Postkarte. τὸ ἐπιστολικὸν δελτάριον.
Die Promenade. ὁ περίπατος.
Das Rathhaus. τὸ δημαρχεῖον.*
Die Straße. ἡ ὁδός.
Die Vorstadt. τὸ προάστειον.
Die Universität. τὸ πανεπιστήμιον.*
Der Briefkasten. τὸ γραμματοκιβώτιον.*
Das Löschpapier. τὸ στουπόχαρτον.*
Das Telegramm. τὸ τηλεγράφημα.*

telegraphisch.	τηλεγραφικῶς.*
Die Tinte.	(ἡ μελάνη) τὸ μέλαν.
Das Tintenfaß.	τὸ μελανοδοχεῖον.
Der Umschlag (Kouvert).	τὸ περικάλυμμα.

* *

Die Bürste.	ἡ ψήκτρα.
Das Faß.	ὁ κάδος.
Das Fenster.	τὸ παραθύριον.
Die Glocke, Klingel.	τὸ κωδώνιον.
klingeln.	κωδωνίζειν.
Holz, Kohlen.	ξύλα, ἄνθρακες.
Die Möbel.	τὰ ἔπιπλα.
Der Ofen.	ἡ ἑστία.
Das Pianoforte.	τὸ κλειδοκύμβαλον.*
Der Saal.	ἡ αἴθουσα.
Das Schlafzimmer.	ὁ κοιτών.
Der Schrank.	ἡ σκευοθήκη.
Der Kleiderschrank.	ἡ ἱματιοθήκη.
Der Schreibtisch.	τὸ γραφεῖον.
Die Schwefelhölzchen.	τὰ θειαφοκέρια.*
Die Seife.	ὁ σάπων.
Das Sopha.	τὸ ἀνάκλιντρον.
Die Treppe.	ἡ κλῖμαξ, τὸ ἀνάβαθρον.
Die Gardinen.	τὸ παραπέτασμα.
Das Waschbecken.	ἡ λεκάνη.
Der Waschtisch.	ὁ νιπτήρ.
Das Zimmer.	τὸ δωμάτιον.
Der Uhrschlüssel.	τὸ κλειδίον.
Der Zahnstocher.	ἡ ὀδοντογλυφίς.

* *

Der Kaiser.	ὁ αὐτοκράτως.
Deutschland.	Γερμανία.
Die Deutschen.	οἱ Γερμανοί.
Oesterreich.	Αὐστρία.*
Ungarn.	Οὑγγαρία.*
England.	Ἀγγλία.*
Die Engländer.	οἱ Ἄγγλοι.*

Rußland.	Ρωσία.*
Die Russen.	οἱ Ρᾶσοι.*
Frankreich.	Γαλλία.
Die Franzosen.	οἱ Γάλλοι.
Dänemark.	Δανία.*
Italien.	Ἰταλία.
Spanien.	Ἰσπανία.
Türkei.	Τουρκία.*
Berlin.	Βερόλινον.*
Wien.	Βιέννη.*
Petersburg.	Πετρούπολις.*
Paris.	Παρίσιοι.*
London.	Λόνδινον.
Der Congreß.	τὸ συνέδριον.
Die Commission.	ἡ ἐπιτροπή.
Fürst Bismarck.	ὁ πρίγκιψ Βίσμαρκ.
Er lebe hoch!	ζήτω!

Die Wochentage heißen neugriechisch:

Sonntag.	(ἡ) κυριακή.
Montag.	ἡ δευτέρα.
Dienstag.	ἡ τρίτη.
Mittwoch.	ἡ τετάρτη.
Donnerstag.	ἡ πέμπτη.
Freitag.	(ἡ) παρασκευή (Rüsttag).
Sonnabend (Samstag).	(τὸ) σάββατον.

Zum Merken und Citiren.

Die neun Musen:
Κλειώ τ' Εὐτέρπη τε Θάλειά τε Μελπομένη τε
Τερψιχόρη τ' Ἐρατώ τε Πολύμνιά τ' Οὐρανίη τε,
Καλλιόπη θ'· ἡ δὲ προφερεστάτη ἐστὶν ἁπασέων.
Lateinisches Merkwort: TUM PECCET. (Hesiod. Theog. 77.)

Die drei Grazien.
Ἀγλαΐη τε καὶ Εὐφροσύνη Θαλίη τ' ἐρατεινή.
(Hesiod. Theog. 909.)

Die drei Parzen:
Κλωθώ τε Λάχεσίς τε καὶ Ἄτροπος, αἵ τε διδοῦσι
θνητοῖς ἀνθρώποισιν ἔχειν ἀγαθόν τε κακόν τε.
(Hesiod. Theog. 905.)

Die drei Gorgonen:
Σθεινώ τ' Εὐρυάλη τε Μέδουσά τε λυγρὰ παθοῦσα.
(Hesiod. Theog. 276.)

Scipio bei Numantia über Gracchus:
ὡς ἀπόλοιτο καὶ ἄλλος, ὅτις τοιαῦτά γε ῥέζοι.
(Hom. Od. 1, 47.)

Cicero's Wahlspruch:
αἰὲν ἀριστεύειν καὶ ὑπείροχον ἔμμεναι ἄλλων.
(Hom. Il. 6, 208.)

Hector's Wahlspruch:
εἷς οἰωνὸς ἄριστος, ἀμύνεσθαι περὶ πάτρης.
(Hom. Il. 12, 243.)

Alexander's des Großen Wahlspruch:
ἀμφότερον, βασιλεύς τ' ἀγαθὸς κρατερός τ' αἰχμητής.
(Hom. Il. 3, 197.)

Scipio auf den Trümmern Karthago's.
ἔσσεται ἦμαρ, ὅτ' ἄν ποτ' ὀλώλῃ Ἴλιος ἱρή
καὶ Πρίαμος καὶ λαὸς ἐϋμμελίω Πριάμοιο.
(Hom. Il. 6, 448.)

Die sieben Weisen:
Ἑπτὰ σοφῶν, Κλεόβουλε, σὲ μὲν τεκνώσατο Λίνδος·
φατὶ δὲ Συσιφία χθὼν Περίανδρον ἔχειν·
Πιττακὸν ἁ Μυτιλάνα· Βίαντα δὲ δῖα Πριήνη·
Μίλητος δὲ Θαλῆν, ἄκρον ἔρεισμα Δίκας·
ἁ Σπάρτα Χίλωνα· Σόλωνα δὲ Κεκροπὶς αἶα.
πάντας ἀριζάλου σωφροσύνας φύλακας.

Die Aussprüche der sieben Weisen
(nach Diogenes Laërtius):

Thales: γνῶθι σαυτόν! (Erkenne dich selbst!)
Solon: μηδὲν ἄγαν! (Nichts übertreiben!)

5*

Chilon: ἐγγύα πάρα δ' ἄτα! (Bürgen thut würgen. In Geldsachen hört die Gemüthlichkeit auf.)
Pittacus: καιρὸν γνῶθι! (Nimm den Augenblick wahr!)
Bias: οἱ πλεῖστοι κακοί. (Viele Köche verderben den Brei.)
Kleobulus: μέτρον ἄριστον. (Maßhalten ist gut.)
Periander: μελέτη τὸ πᾶν. (Uebung macht den Meister.)

Das (angeblich) delphische Orakel über Sokrates:
Σοφὸς Σοφοκλῆς, σοφώτερος δ' Εὐριπίδης,
Ἀνδρῶν δὲ πάντων Σωκράτης σοφώτατος.
(Schol. Aristoph. Nub. v. 144.)

Die Worte des Archimedes:
1. Εὕρηκα!
2. δός μοι ποῦ στῶ καὶ τὰν γᾶν κινασῶ!
3. noli istud disturbare!

Kaiser Augustus auf dem Sterbebette:
— — εἰ δὲ πᾶν ἔχει καλῶς, τῷ παιγνίῳ
Δότε κρότον καὶ πάντες ὑμεῖς μετὰ χαρᾶς κτυπήσατε!
(Sueton. Octav. 99.)

Die spartanische Mutter zu ihrem Sohne:
Τέκνον, ἢ τὰν ἢ ἐπὶ τᾶς!
(Plutarch. Λακαινῶν ἀποφθέγματα.)

Weg mit den Sorgen!
τὸ σήμερον μέλει μοι,
τὸ δ' αὔριον τίς οἶδεν;
(Anakreon.)

Griechische Tageseintheilung:
6 Stunden für die Arbeit, 4 Stunden für den Lebensgenuß:
ἓξ ὧραι μόχθοις ἱκανώταται· αἱ δὲ μετ' αὐτὰς
γράμμασι δεικνύμεναι ζῆθι λέγουσι βροτοῖς.
1— 6: α'. β'. γ'. δ'. ε'. ϛ'.
7—10: ζ'. η'. θ'. ι'.
(Alter Spruch.)

Druck von Hesse & Becker in Leipzig.

www.ingramcontent.com/pod-product-compliance
Lightning Source LLC
Chambersburg PA
CBHW030124240426
43673CB00041B/1385